Incapacidade Motora

Associação Brasileira para
a Proteção dos Direitos
Editoriais a Autorais
RESPEITE O AUTOR
NÃO FAÇA CÓPIA
www.abpdea.org.br

C268i   Cardona Martín, Miguel
        Incapacidade motora: orientações para adaptar a escola / Miguel Cardona Martín, María Victoria Gallardo Jáuregui e María Luisa Salvador López; trad. Fátima Murad. – Porto Alegre: Artmed, 2004.

        1. Educação – Adaptação escolar – Incapacidade motora. I. Gallardo Jáuregui, María Victoria. II. Salvador López, María Luisa. III. Título.

CDU 371.6:159.946

Catalogação na publicação: Mônica Ballejo Canto – CRB 10/1023

ISBN 85-363-0106-6

Incapacidade Motora
Orientações para adaptar a escola

MIGUEL CARDONA MARTÍN
MARÍA VICTORIA GALLARDO JÁUREGUI
MARÍA LUISA SALVADOR LÓPEZ

Tradução:
Fátima Murad

Consultoria, supervisão e revisão técnica desta edição:
Francisco Rosa Neto
Doutor em Medicina da Educação Física e do Esporte
Professor Universitário – UDESC e UNISUL

2004

Obra originalmente publicada sob o título
Adaptemos la Escuela: Orientaciones ante la discapacidad motórica
©Ediciones Aljibe

Capa:
Gustavo Macri

Preparação do original:
Maria Lúcia Barbará

Leitura Final:
Ana Paula Soares

Supervisão editorial:
Mônica Ballejo Canto

Editoração eletrônica:
Art & Layout – Assessoria e Produção Gráfica

Reservados todos os direitos de publicação, em língua portuguesa, à
ARTMED® EDITORA S.A.
Av. Jerônimo de Ornelas, 670 - Santana
90040-340 Porto Alegre RS
Fone (51) 3330-3444 Fax (51) 3330-2378

É proibida a duplicação ou reprodução deste volume, no todo ou em parte,
sob quaisquer formas ou por quaisquer meios (eletrônico, mecânico, gravação, fotocópia,
distribuição na *web* e outros), sem permissão expressa da Editora.

SÃO PAULO
Av. Rebouças, 1073 - Jardins
05401-150 São Paulo SP
Fone (11) 3062-3757* Fax (11) 3062-2487

SAC 0800 703-3444

IMPRESSO NO BRASIL
PRINTED IN BRAZIL

Sumário

1 **Introdução** 11

2 **Incapacidade motora** 13
Principais quadros motores que vamos encontrar
entre nossos alunos 16
Paralisia cerebral 17
Espina bífida 25
Distrofias musculares 30
Problemas de crescimento 32
Artrogripose 33

3 **A escola e os alunos com incapacidade motora** 35
A escola 35
A sala de aula 39
Objetivos, atitudes e estratégias de trabalho
em relação aos alunos 45

4 **Habilitemos o ambiente** 59
Adaptações para a mobilidade 60
Ficha 1. Patinete 60
Ficha 2. Carro elétrico 61
Ficha 3. Triciclo adaptado 62
Ficha 4. Acessórios para a mobilidade 63

Adaptações de mobiliário 64
Ficha 5. Adaptação de mesas 64

Ficha 6. Tampo mesa para cadeiras de condução elétrica 66
Ficha 7. Mesa coletiva 68
Ficha 8. Adaptação de cadeiras escolares 70
Ficha 9. Fabricação de apoio para os pés 72
Ficha 10. Mobiliário escolar específico 73
Ficha 11. Cunha em forma de "U" 75

Adaptações para o asseio 76
Ficha 12. Adaptação para banheira 76
Ficha 13. Maca com adaptação para banheira 77
Ficha 14. Acessórios para higiene 78
Ficha 15. Suporte regulável para vaso sanitário
com barra frontal 79

Adaptações para a comunicação 80
Ficha 16. Móbiles para a estimulação 80
Ficha 17. Tampo de comunicação de objetos reais 81
Ficha 18. Arco para a comunicação 82
Ficha 19. Pano-painel: suporte para comunicação 83
Ficha 20. Modelos de suportes para a comunicação 84
Ficha 21. Boné com ponteiro luminoso 85
Ficha 22. Equipe de estepe "OSUMA-3" 86

Adaptações de material didático 87
Ficha 23. Jogos de estimulação tátil 87
Ficha 24. Adaptação de quebra-cabeças simples 88
Ficha 25. Fabricação de quadro metálico 89
Ficha 26. Materiais imantados 91
Ficha 27. Adaptação para operações aritméticas simples 92
Ficha 28. Aprendizagem da distribuição do teclado:
sistema *qwerty* 93
Ficha 29. Adaptações para a leitura silábica 95
Ficha 30. Adaptações para o papel adesivo 97
Ficha 31. Adaptações para utensílios de oficina 99
Ficha 32. Adaptações para atividades de colagem 101
Ficha 33. Adaptações para atividades de recortar 102
Ficha 34. Adaptação de métodos lecto-escritos 103

Ficha 35. Suporte para seriações 105
Ficha 36. Suportes para reconhecimento numérico 106
Ficha 37. A esfera de borracha 107
Ficha 38. Adaptações de apontador e borracha 108
Ficha 39. Adaptações de passadores de páginas 109
Ficha 40. Jogo para a destreza digital 110
Ficha 41. Atril com velcro 111

Adaptações de jogos e brinquedos 112
Ficha 42. Adaptação com "espigas" 112
Ficha 43. Adaptação de jogos à pilha 113
Ficha 44. Jogos de mesa e de chão 115

Adaptações para o computador 116
Ficha 45. Botão modelo campainha 116
Ficha 46. *Mouse* adaptado 117
Ficha 47. Adaptações básicas para o teclado e o *mouse* 118
Ficha 48. Programa de varredura de tela 120
Ficha 49. Ponteiro de cabeça 121

5   **Comentários de livros e *links* de interesse na internet** 123

A Miguel Toledo, "mestre" e amigo.

Introdução 1

U tilidade, facilidade na leitura, simplicidade e estímulo à criatividade são algumas das finalidades que nos propusemos nesta obra. Além disso, pretendemos trazer a público modelos de intervenção, de materiais, de espaços, de estratégias de trabalho com os profissionais, com as famílias e, naturalmente, com as crianças, observando-as com atenção e carinho. Se alcançarmos alguma delas, nos daremos por satisfeitos.

A obra é dividida em duas partes bem diferenciadas:
- Na primeira (Capítulos 2 e 3) partimos das noções básicas sobre a incapacidade motora, analisamos os principais quadros motores que podemos encontrar entre os alunos e compartilhamos algumas das idéias que consideramos chave para sua abordagem educativa em três níveis: escola, classe e alunos.
- A segunda pretende ser uma amostra de adaptações "caseiras", "artesanais" ou de "baixo custo" para colaborar na habilitação do meio e na melhoria da qualidade de vida desse coletivo. Algumas já estão explicitadas ou aparecem em outras publicações mais extensas,[1,2] mas com elas pretendemos desmistificar o excesso de tecnicismo e estimular a fabricação e a elaboração compartilhadas, desafiando a imaginação e a criatividade.

Em nosso campo de trabalho, constituído por equipes específicas de orientação educativa para alunos com incapacidade motora, queremos res-

---

[1] *Catálogo de Ayudas técnicas e Informáticas para las discapacidades motóricas.* Cardona, Gallardo, Salvador y Montoya. Sevilla: Consejería Educación y Ciencia J. A (1995).

[2] *Discapacidad Motórica.* Gallardo y Salvador. Málaga: Aljibe (1994).

saltar a importância dessas oficinas de adaptações por sua relevância e aspecto prático, proporcionando à escola recursos materiais de fabricação artesanal.

Para não ser redundantes nas diferenças de gênero na linguagem escrita, queremos deixar claro que quando falamos de "menino", "criança" ou "aluno" estamos considerando também as meninas ou alunas. Procuramos utilizar genéricos como "pessoa", "alunos", mas nem sempre conseguimos encontrar o termo preciso.

Finalmente, queremos reconhecer que o verdadeiro protagonista continua sendo a criança.

Com um pouco de ajuda, ânimo e liberdade, a criança inabilitada muitas vezes pode converter-se em seu melhor terapeuta. Pelo menos uma coisa é certa: a criança procurará fazer com que sua terapia seja 'funcional' (útil), modificando-a constantemente para satisfazer suas necessidades imediatas. Uma criança sabe, por instinto, que a vida é para ser vivida agora e que seu corpo e seu mundo estão ali para serem explorados e utilizados. A melhor terapia é a que faz parte das atividades diárias: o jogo, o trabalho, as relações, o descanso e as aventuras. (Werner, D., 1990. El niño Campesino deshabilitado).

Incapacidade Motora 2

Tivemos a sorte de contar com a colaboração do Dr. D. Miguel Toledo Gonzáles, que, com sua experiência sobre o tema, situou-nos em uma perspectiva muito válida para abordar as principais dificuldades que as pessoas (em nosso caso, alunos) encontrarão para ter acesso ao meio educativo e desenvolver-se nele.

Baseando-nos em suas contribuições e no fruto do trabalho coordenado que vínhamos realizando há 15 anos, refletimos sobre os pontos-chave que todo profissional da educação deve conhecer para conseguir estruturar uma adequada intervenção educativa junto às nossas crianças.

Conceito de "incapacidade motora"

A melhor forma de conhecer um termo composto é "decompondo-o"; por isso, vamos analisar o que entendemos por "incapacidade" e o que entendemos por "motricidade".

Para delimitar o conceito de incapacidade, recorreremos à Organização Mundial de Saúde (OMS) e o diferenciaremos dos conceitos de deficiência e insuficiência:

– *Deficiência*: "Anomalia da estrutura corporal e da aparência, com perda ou anormalidade da função de algum órgão ou sistema, qualquer que seja sua causa."

– *Incapacidade*: "Reflete a conseqüência da deficiência do ponto de vista do rendimento funcional e da atividade do indivíduo. As incapacidades representam os distúrbios no nível da pessoa."

– *Restrição*: "Refere-se às desvantagens que o indivíduo experimenta como conseqüência das incapacidades. As restrições refletem a interação e a adaptação do indivíduo ao meio e vice-versa."

É importante diferenciar bem os conceitos. Pode faltar a um aluno um segmento de uma perna (agenesia de membro), o que seria a deficiência. Ao tentar caminhar, por exemplo, ficaria evidente a incapacidade. Se dispõe de uma prótese, mas não pode articular o joelho (flexionar e esticar a perna) para subir/descer escadas, se evidenciará a restrição. Obviamente, quanto mais adaptado esteja o meio no qual ele se desenvolve (rampas, elevadores, etc.), menor será a restrição.

Este é nosso **grande desafio**: adaptar a ESCOLA de forma a possibilitar que nossos alunos com incapacidade motora sejam cada vez mais autônomos para operar nela; e conseguimos isso sempre que lhes facilitamos o acesso, possibilitamos uma postura adequada para desenvolver as tarefas escolares, proporcionamos suportes técnicos à comunicação, etc.

O que entendemos por "motricidade"?

Por motricidade, entenderemos toda RESPOSTA MOTORA.

Em uma tentativa, talvez excessivamente simplista, de esquematizar a resposta motora, poderíamos analisar quais elementos são necessários para que esta se produza.

Para que se produza uma resposta motora é necessário:
• perceber um estímulo,
• processar a informação que tal estímulo proporciona,
• elaborar um padrão motor,
• estruturar uma ordem motora,
• que será conduzida pelos nervos periféricos,
• e que inervará músculos, articulações e ossos que configuram o aparelho locomotor.

Em qualquer dessas etapas, pode ocorrer uma alteração, originando-se assim diferentes problemas motores (resposta motora alterada), tudo isso dentro das margens que são condicionadas pelo processo de maturação do sistema nervoso. A falta de controle cefálico, por exemplo, não é uma conduta motora alterada durante o primeiro mês de vida, mas é um sinal de

alarme/alerta a partir do terceiro mês. É muito importante conhecer o desenvolvimento motor normal para, assim, poder detectar as alterações e os problemas de nossos alunos com incapacidade motora.

MOTRICIDADE = Toda resposta motora

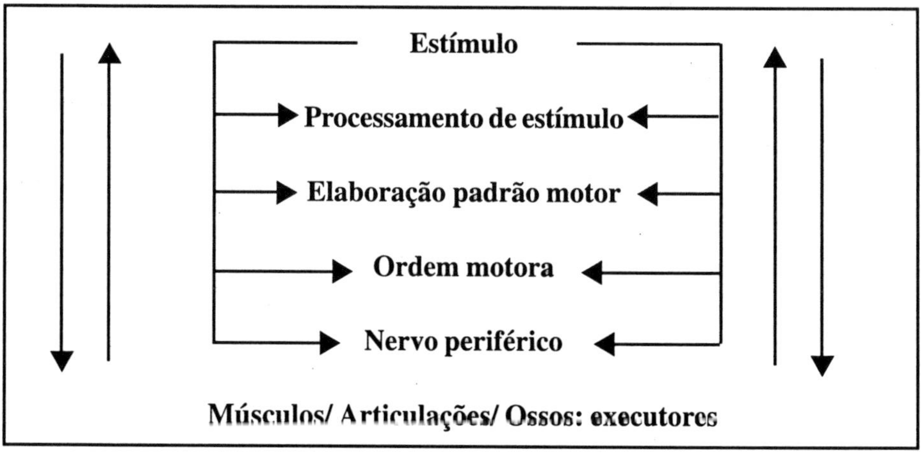

Estímulo

Processamento de estímulo

Elaboração padrão motor

Ordem motora

Nervo periférico

Músculos/ Articulações/ Ossos: executores

Esse esquema, embora não totalmente confiável (na realidade, a resposta motora não é tão simples, seu processo é muito mais complexo, pois cada elemento está relacionado com os que o antecedem e o sucedem), mas nos permitirá enquadrar os diferentes problemas motores em função da seqüência na qual se tenha produzido a alteração.

Talvez possamos ver isso com mais clareza e captar a importância da excessiva simplificação mediante exemplos. Uma aluna com artrite reumatóide percebe corretamente as estimulações e processa adequadamente a informação (não há razão para ter déficit cognitivo associado); em nível central também se elaborará o padrão motor e se estruturará a ordem motora pertinente, que será conduzida pelos nervos periféricos, que inervarão músculos, articulações e ossos para executar a resposta motora. Aqui residirá o principal problema em nível de executores, já que sua doença alterará, de forma mais ou menos comprometida (segundo sua fase), as articulações afetadas e, conseqüentemente, os ossos e os músculos inter-relacionados com elas.

Pensem nos alunos com alguma dificuldade sensorial, por exemplo, visual, que fazem movimentos oscilatórios para orientar-se (sobretudo se estão realizando outra atividade, como cantar), e localizem vocês mesmos onde se situaria a alteração do processo. Ou em nossos alunos com deficiências cognitivas, cuja marcha descoordenada e pouco precisa pode ser considerada uma resposta motora alterada, embora não seja essa sua dificuldade ou esse seu problema mais relevante.

No primeiro caso, a alteração estaria no início do processo: o órgão visual estaria afetado, com a conseqüente condução inadequada da informação ao sistema nervoso central, por estarem afetados os nervos sensitivos. Enquanto que, na segunda formulação, seria mais um problema de processamento da informação.

Assim, poderíamos ir localizando os diferentes quadros motores que vamos encontrar na escola, analisando onde se produz principalmente a alteração.

PRINCIPAIS QUADROS MOTORES QUE VAMOS ENCONTRAR ENTRE NOSSOS ALUNOS

É difícil encontrar uma classificação que inclua de forma clara todos os possíveis distúrbios motores que podemos encontrar no hábitat escolar.

Qualquer tentativa de esquematizar sacrifica alguma afecção e, por isso, procuramos reunir neste item as principais patologias que podem ocorrer nas etapas evolutivas do segmento populacional com o qual trabalhamos: idade escolar.

Analisaremos mais detalhadamente os quadros de maior incidência entre nossos alunos. Nas equipes de assessoramento e de apoio educativo, nas quais desenvolvemos nossa atividade profissional, avaliam-se em cada período escolar as necessidades educativas especiais dos alunos como conseqüência de sua incapacidade motora. O quadro motor que se percebe com maior freqüência é o da paralisia cerebral, a que se seguem os de espina bífida, de doenças musculares e, em uma porcentagem muito menor, as alterações esqueléticas (acondroplasia e outros problemas de crescimento e desenvolvimento) e as malformações congênitas (vamos nos deter na artrogripose).

Assim, poderemos encontrar:

1. Malformações congênitas:
    * Luxação congênita do quadril
    * Malformação congênita de membros
    * Malformação congênita da coluna vertebral
    * Artrogripose
2. Afecções congênitas sistêmicas ou generalizadas do esqueleto:
    * Osteogênese imperfeita
    * Acondroplasia
    * Osteocondrodistrofias (Morquio, etc.)
3. Osteocondrose:
    * Mal de Perthes
    * Mal de Scheureman.
4. Afecções articulares:
    * Artrite
    * Artrose
5. Afecções neuromusculares:
    * Paralisia cerebral
    * Espina bífida
    * Distrofias musculares
    * Afecções de nervos periféricos, paralisias obstétricas, entre outras.
6. Outras afecções neurológicas – miscelânea:
    * Esclerose múltipla
    * Poliomielite, entre outras.

(3)

Paralisia cerebral (PC)

Ao tentar definir essa "condição" da pessoa, encontramos uma série de aspectos básicos com os quais a maioria dos autores coincide:
– a existência de uma lesão cerebral,
– sua natureza não-evolutiva,
– sua instauração precoce (Toledo, 1998).

Na tentativa de esclarecer o diagnóstico, esquematizamos os grandes sintomas que podem produzir uma lesão cerebral. Uma lesão cerebral pode originar:

---

[3] Classificação extraída do *Diccionario Enciclopédico para la Educación Especial.* Dr. Toledo González. Madrid: Diagonal/Santillana (1985). Corrigida pelo próprio autor, 2000.

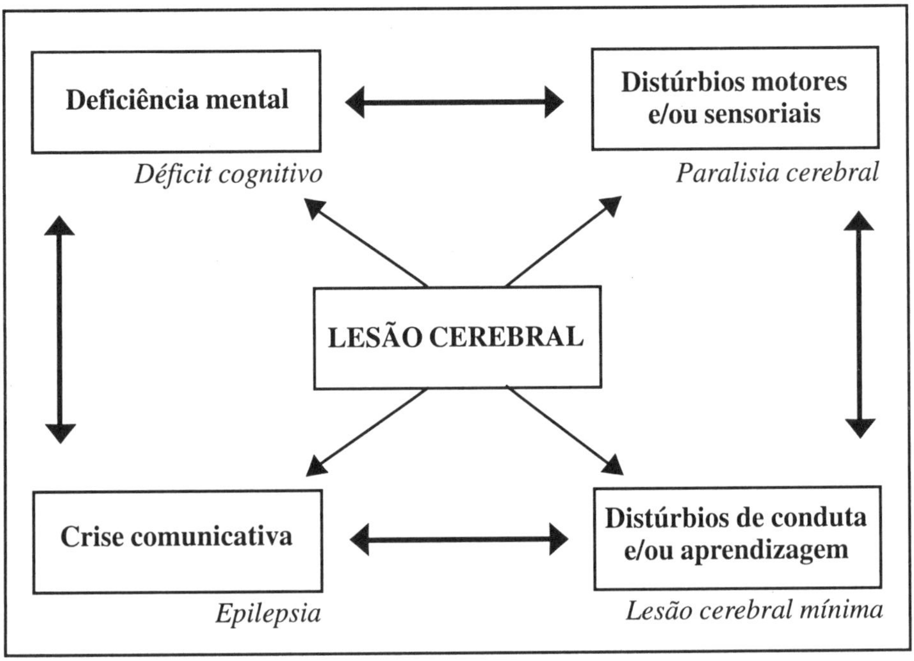

```
┌─────────────────────────────────────────────────────────────────────┐
│                                                                       │
│   ┌──────────────────────┐              ┌──────────────────────┐      │
│   │  Deficiência mental  │ ◄──────────► │  Distúrbios motores  │      │
│   │                      │              │    e/ou sensoriais   │      │
│   └──────────────────────┘              └──────────────────────┘      │
│        Déficit cognitivo                     Paralisia cerebral       │
│                                                                       │
│                      ┌──────────────────────┐                         │
│         ▲            │    LESÃO CEREBRAL     │            ▲            │
│         │            └──────────────────────┘            │            │
│         ▼                                                 ▼            │
│                                                                       │
│   ┌──────────────────────┐              ┌──────────────────────┐      │
│   │  Crise comunicativa  │ ◄──────────► │ Distúrbios de conduta│      │
│   │                      │              │    e/ou aprendizagem │      │
│   └──────────────────────┘              └──────────────────────┘      │
│           Epilepsia                        Lesão cerebral mínima      │
│                                                                       │
└─────────────────────────────────────────────────────────────────────┘
```

Assim, observamos que, em conseqüência de uma lesão cerebral, podem-se encontrar:

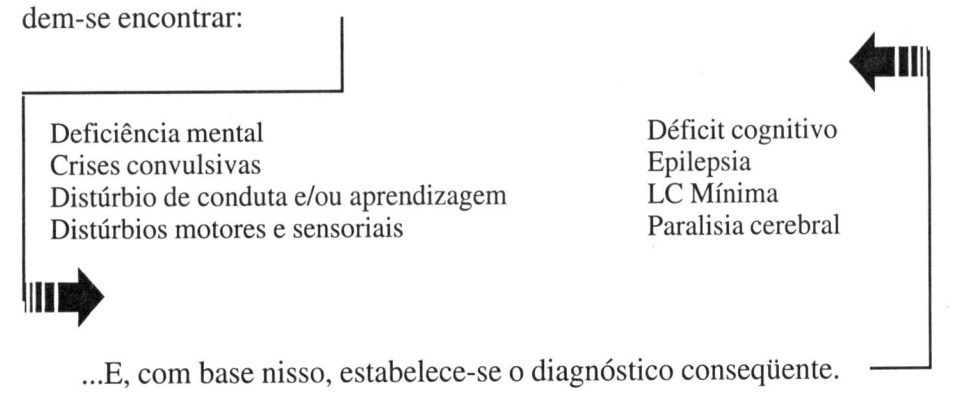

Deficiência mental	Déficit cognitivo
Crises convulsivas	Epilepsia
Distúrbio de conduta e/ou aprendizagem	LC Mínima
Distúrbios motores e sensoriais	Paralisia cerebral

...E, com base nisso, estabelece-se o diagnóstico conseqüente.

Para nós, como educadores, interessa saber que não costumam ocorrer quadros puros e, por isso, podemos encontrar uma pessoa epiléptica que tenha ou não déficit cognitivo, que tenha ou não distúrbios motores ou sensoriais e que tenha ou não problemas de conduta e de aprendizagem. Poderíamos estabelecer o mesmo paralelismo em cada um dos itens. A inclusão (diagnóstico) em uma outra categoria dependerá, pois, do traço predomi-

nante. Assim, quando trabalhamos com um aluno com paralisia cerebral, devemos saber que ele tem uma lesão cerebral (não-evolutiva e de instauração precoce) e que seus distúrbios mais relevantes são os motores, sem que isso implique a inexistência de uma deficiência mental associada, distúrbios sensoriais, crises convulsivas e problemas de conduta e aprendizagem.

Normalmente, nós, os profissionais procedentes do campo da educação (magistério, psicologia, pedagogia...) não tivemos uma formação aprofundada que nos facilite a compreensão do diagnóstico médico (modelo clínico) que costuma acompanhar nossos alunos. Por isso, é importante conseguir estabelecer uma linguagem comum entre os profissionais, de forma que a cumplicidade, requisito indispensável para um bom entendimento, esteja garantida.

A prática diária mostrou-nos que o mais relevante para nós, educadores, não é tanto o diagnóstico do caso como as características deste, no que se refere aos dados que descrevem as condutas motoras nas áreas em que se desenvolverá seu desempenho pessoal, social e, conseqüentemente, escolar. Esses dados seriam:

– *Como o aluno se desloca?* Já constatamos que não estamos diante de um quadro regressivo. O que nos interessa agora é conhecer as possibilidades de mobilidade e deslocamento de nossos alunos.

Normalmente, ensinam-nos que as PC (paralisias cerebrais) classificam-se segundo dois critérios:

• Critério topográfico, onde reside a afecção.
• Segundo a alteração do tono muscular.

De acordo com o critério topográfico, podemos falar de tetraparesia, hemiparesia, paraparesia, mono/triparesia, diplegia; inclusive podemos diferenciar os sufixos "paresia/plegia" em função da paralisia ser parcial ou completa.

Mas, na realidade, saber que nosso aluno padece de uma tetraparesia nos diz pouco; podemos encontrar esse mesmo quadro em uma criança com marcha autônoma e em um usuário de cadeira de rodas, seja ela autopropulsionada ou tenha de ser empurrada por outra pessoa, quando ela não pode manejar a cadeira por si só, por seu grau de afecção; assim, o que devemos nos colocar, as perguntas que devemos transferir aos especialistas que nos trazem o caso seriam:

Como a criança se desloca? Anda de forma autônoma? Em ambientes externos ou apenas internos? Com suportes ortopédicos? Quais utiliza: ben-

galas, andador, empurrador? Arrasta-se sobre as nádegas? De bruços? Gira? Em suma, quais são as possibilidades de deslocamento e mobilidade que apresenta?

– *Por quê?* Porque em função destas teremos de nos perguntar como terá acesso à escola e como se poderá facilitar sua mobilidade.

Será necessário, então, fazer uma análise exaustiva das barreiras arquitetônicas existentes no prédio, e um plano coerente e prático para eliminá-las, de modo a possibilitar-lhe o acesso às diferentes dependências (tais questões serão analisadas mais detalhadamente no item "A escola e seus espaços").

Outro aspecto relevante para nós, profissionais, que vamos trabalhar com os alunos com seqüelas de PC no âmbito educativo, é:

– *Como utiliza as mãos?* Embora seja interessante saber que as PCs, segundo a afecção do tono muscular, podem ser qualificadas em: quadro espástico, atáxico, distônico, hipotônico, etc., e, portanto, seus membros superiores serão mais ou menos afetados por essa alteração, também é certo que o mais importante para nós, educadores, não é saber que a criança tem tremores intencionais ou movimentos discinéticos, mas sim se: pode segurar? Pode soltar? Pode deslocar o objeto por arrasto? Tem intenção manipuladora? Pode indicar? Dirige a mão ao objeto? Qual seu grau de coordenação óculo-manual?

– *Por quê?* Porque em função das características de suas possibilidades de manipulação, nos perguntaremos se pode utilizar os materiais escolares básicos ou se teremos de introduzir diferentes instrumentos adaptados e suportes técnicos, como os que são descritos na terceira parte deste texto.

É imprescindível também saber quais são as possibilidades de comunicação da criança.

– *Como se comunica?* Mais uma vez, não é tão relevante saber se apresenta anartria, disartria ou dislalias múltiplas; o mais importante é saber se tem linguagem oral, se esta é inteligível, se utiliza algum código de comunicação gestual, se é usuário de algum sistema de comunicação aumentativa ou se já utilizou algum suporte técnico para a comunicação.

É cada vez maior o número de alunos que chegam aos nossos serviços com um código de comunicação preestabelecido, por exemplo, manifestam a afirmativa ("sim") olhando para cima e a negação ("não") olhando para baixo. Obviamente, é básico conhecer tal informação, que deve prece-

der qualquer procedimento de entrevista, já que, ao programá-la, se eliminariam todas as perguntas de resposta aberta, por exemplo, em vez de: como você se chama?, utilizaríamos: você é Xavier?, dando à criança a possibilidade de responder.

Em função das possibilidades e das competências comunicativas de nossos alunos, poderemos estabelecer e propor nossa estratégia, perguntando se será necessário introduzir sistemas aumentativos de comunicação e alguns suportes técnicos à comunicação na classe e na escola em geral.

Do mesmo modo, é imprescindível **conhecer as possibilidades de assentamento** de nossos alunos, seu grau de controle do tronco:

– *Como sentá-lo na classe?*, já que, em função destas, propiciaremos a ele uma postura adequada na classe, um mobiliário específico ou simples adaptações do mobiliário-padrão, para permitir e facilitar a realização das tarefas escolares.

As cadeiras de rodas costumam ser cadeiras de transporte, mas para um desempenho escolar adequado é necessário que a criança conte com uma carteira que lhe permita manter uma postura correta, cômoda e segura, que não apresente contra-indicações para seus problemas e/ou deformidades e que possibilite sua incorporação à classe, potencializando suas possibilidades de execução.

Questões relativas ao **controle de esfíncteres** e à existência de **processos convulsivos** também são essenciais. Não tanto porque a resposta, a informação, que nos proporciona seja se controla ou não seus esfíncteres, ou se apresenta ou não crises convulsivas; mas sim porque, para estruturar nossa intervenção e programar a consecução do objetivo, devemos descartar a existência de uma causa fisiológica que lhe impeça de alcançar tal objetivo.

É preciso considerar, ainda que de forma sumária, que possivelmente vamos nos deparar com uma série de problemas associados: "O diagnóstico de PC implica a inevitabilidade das seqüelas" (Toledo, 1998). Comentaremos alguns deles:

Epilepsia
– Teremos de estar informados e preparados para intervir, caso necessário, diante da aparição de crises convulsivas na turma.

– Em muitas ocasiões, as crises convulsivas são mais evidentes que o dano cerebral que podem produzir; este dependerá da duração das mesmas e da freqüência com que ocorrem.

– É necessário conhecer o tratamento antiepiléptico prescrito aos nossos alunos:

- para o caso de alguma dose coincidir com o horário escolar, controlar que esta nunca deixe de ser ministrada;
- pela repercussão possível desse tratamento sobre nossa criança, se produz sonolência ou algum outro tipo de alteração que afete o rendimento escolar; será preciso, então, reestruturar a distribuição temporal da introdução de conteúdos.

Por isso, é imprescindível a conexão com a família e os serviços de neurologia que tratam do caso.

– Diante de problemas comuns ao longo da jornada escolar, como um processo febril, vômitos, diarréias, etc., devemos levar em conta:

- se podemos administrar à criança algum antitérmico ou relaxante muscular (qual?);
- se é preciso repetir a dose da medicação antiepiléptica, já que nos questionaremos se esta foi efetiva após o vômito ou a diarréia. A família e o pediatra deverão estar informados de toda alteração.

– Diante da aparição de uma crise, devemos tranqüilizar-nos, informar os colegas e sobretudo tranqüilizar o aluno. São condutas adequadas:

- pô-lo à vontade;
- segurá-lo suavemente, mas com firmeza;
- afrouxar suas roupas;
- pôr a cabeça para o lado;
- enfiar em sua boca um lenço dobrado, fazendo com que a língua fique para baixo;
- se os dentes estão fortemente fechados, não forçar, pois podemos machucá-lo, nem tentar enfiar os dedos, pois poderíamos ferir-nos;
- se a crise durar mais de 10 minutos, será preciso levá-lo ao centro médico mais próximo.

– É importante registrarmos as características da crise: movimentos, rigidez, partes do corpo afetadas, duração, se produziu relaxamento de esfíncteres, salivação, pois tudo isso ajudará a fazer um melhor diagnóstico do motivo que a produziu.

INCAPACIDADE MOTORA   **23**

– Devemos tratar nosso aluno normalmente, não exigindo a execução de tarefas após os episódios, já que pode manifestar cansaço e dificuldades de atenção.

– Há jovens que dão sinais de advertência de que lhes sobrevirá uma crise; tais sinais nos devem ser informados claramente pelos familiares, para que se possa detectá-los e atuar em conseqüência.

Como temos insistido muitas vezes, não há razão para que um quadro epiléptico implique dificuldades cognitivas.[4]

Distúrbios de Visão e de Audição

Os problemas visuais que encontramos mais comumente entre nossos alunos com seqüelas de PC são o estrabismo (sobretudo divergente), o nistagmo e a miopia. Embora os dois primeiros sejam alterações óculo-motoras (alterações da estática ocular), devidas à síndrome motora, a miopia (alterações da refração, muito freqüente em crianças prematuras) é mais um sinal oftalmológico, destacado por sua freqüência entre esses pacientes (Centro ASPACE – Baleares, 1992)

Podemos também encontrar alterações associadas à deficiência auditiva, desde uma hipoacusia leve até a surdez bilateral (menos freqüente).

Convém diferenciar a problemática mais relevante para selecionar e estabelecer estratégias de intervenção adequadas. É preciso consultar e pedir assessoramento sobre como iniciar nossa atuação diante desse tipo de problema (recorrer a profissionais experientes, equipes especializadas, famílias e afetados, ONCE, associações de surdos, etc.).

Problemas de Linguagem

Partindo da premissa básica de que todas as pessoas têm um código de comunicação, e que outra coisa é sabermos interpretá-lo, nós, como professores, teremos de nos perguntar por que nosso aluno não fala ou não se comunica.

Em uma tentativa de simplificar as opções de resposta, podemos concluir:
• porque não sabe como comunicar-se;
• porque não tem nada a dizer;

---

[4] Recomendações fornecidas pelo Serviço de Neurologia Infantil do Hospital Universitário "Virgen del Rocío", de Sevilha.

24   CARDONA MARTÍN, GALLARDO JÁUREGUI E SALVADOR LÓPEZ

• porque não ouve;
• porque não consegue articular os fonemas, a linguagem falada, justamente por sua alteração motora.

Inicialmente, costumamos associar as dificuldades de expressão oral (capacidade de comunicação oral em nível expressivo) na criança com seqüelas de PC principalmente a um problema de articulação, falta de controle sobre os órgãos fonadores, à respiração. Embora isso seja correto em muitos casos, também não podemos esquecer que o fato de que possam apresentar-se problemas associados (deficiência intelectual, problemas de audição, distúrbios graves do desenvolvimento) pode levar a que nossa hipótese inicial não seja tão verdadeira. Isso é importante para a atitude que devemos tomar como educadores, de não nos limitar a um tratamento fonoaudiológico clássico. Torna-se imprescindível, por parte de toda a equipe educativa, uma formação continuada na introdução e no desenvolvimento dos sistemas aumentativos e alternativos de comunicação (SAAC), assim como no treinamento, pelo menos inicial, no manejo dos suportes técnicos à comunicação mais utilizados no âmbito educativo.

Deformidades e Problemas Ortopédicos
Os distúrbios do tono muscular (sobretudo a espasticidade) provocam, às vezes, contraturas, deformidades articulares, posturas viciadas, mecanismos de compensação diante de determinadas dificuldades, etc., que podem requerer a colocação de aparelhos (ortoses) ou talas e, inclusive, pode-se optar pela cirurgia corretiva (cirurgia ortopédica).

Os professores devem controlar esse tipo de situações, advertindo com suas informações sobre a observação de uma flexão excessiva dos joelhos, pés pendentes (pés em eqüino), mão em garra (punho). Às vezes, simplesmente colocando um apoio para os pés, talas, ou exercitando determinados grupos musculares, pode-se prevenir tais deformidades.

Uma boa inter-relação com familiares, médicos reabilitadores e fisioterapeutas nos ajudará a prevenir isso. Complicações mais graves, como escoliose, luxação dos quadris, etc., devem ser supervisionadas continuamente pelos especialistas, que nos indicarão diretrizes, precauções e orientações para seguir na aula.

Déficit Cognitivo
Já comentamos que uma das seqüelas da lesão cerebral poderia ser os problemas cognitivos. Embora a gravidade da afecção física não te-

nha por quê ser associada a um retardo mental, também é certo que a pessoa gravemente afetada do ponto de vista motor tem alguns condicionantes que podem levá-la a apresentar determinadas dificuldades cognitivas.

Recorde-se o paralelismo, durante os primeiros anos de vida, entre "psiquismo" e "motricidade". Uma alteração do desenvolvimento motor afetará em maior ou menor grau (depende de múltiplos fatores) o desenvolvimento evolutivo da criança e seu processo de maturação.

As estatísticas informam sobre a existência desse tipo de problema em uma faixa de 40 a 60% da população afetada (M. Puyuelo, 2000). Nossa prática diária produz cifras mais elevadas (70 a 80%), mas é evidente que a amostra atendida por nossos serviços é distorcida, já que eles acolhem os alunos mais afetados, que muitas vezes não podem ser atendidos pelas equipes zonais (de setor), por requererem intervenções mais específicas e especializadas.

A complexidade do quadro não deve nos desencorajar, visto que é extremamente satisfatório para nós que um aluno com seqüelas de PC consiga chegar a uma universidade, assim como observar o sorriso de uma criança e seu olhar de cumplicidade quando consegue acionar um brinquedo com um movimento voluntário mediante um botão, ou nos avisar mediante um gesto que precisa fazer xixi ou que está com sede.

O grande desafio é poder comunicar-nos com nossos alunos e ajudá-los a desenvolver suas potencialidades, por mais impeditivas que sejam suas condições físicas, pois trabalhamos em uma escola habilitadora.

Espina bífida

Entre as malformações congênitas e os defeitos do tubo neural (anencefalia, encefalocele, espina bífida), a espina bífida é o defeito mais freqüente. Do ponto de vista clínico, utiliza-se habitualmente esse termo com referência a alterações que englobam tanto defeitos vertebrais como neurais.

Consiste em um defeito de fechamento das vértebras, normalmente em seu arco posterior (apófises transversas). A gravidade do quadro depende de fatores diversos:
- Localização da lesão (pior prognóstico/maior afecção quanto mais elevado seja este).

26 CARDONA MARTÍN, GALLARDO JÁUREGUI E SALVADOR LÓPEZ

- Extensão do defeito.
- Possíveis malformações associadas, como a hidrocefalia.

A localização mais freqüente é a região lombar/sacra, devendo distinguir-se dois tipos diferentes de espina bífida:

- Espina bífida oculta ou fechada: é menos grave, pois o defeito do fechamento vertebral é sempre recoberto por pele intacta, e não aparecem distúrbios neurológicos nem musculoesqueléticos. Costuma transcorrer de forma assintomática, sendo seu diagnóstico casual com a prática radiográfica. Pode afetar um quinto da população, e considera-se uma variação da normalidade.
- Espina bífida cística ou aberta: mais grave. A lesão vertebral aparece recoberta por uma espécie de membrana em forma de cisto. Quando o defeito contém apenas líquido cefalorraquiano (a herniação afeta as meninges) é chamada de meningocele; mas quando existe também tecido nervoso, medula espinhal e raízes raquidianas em forma de rabo de cavalo, estamos diante de um mielomeningocele.[5]

Quando nós, profissionais da educação, encontramos entre nossos alunos algum afetado por essa malformação, estamos diante de uma pessoa que já recorreu a vários serviços de saúde especializados: neurocirurgia, urologia, cirurgia ortopédica, reabilitação, nefrologia. Na realidade, estamos diante de uma série de seqüelas; são certamente as pessoas mais castigadas pelas várias repercussões de sua patologia.

Precisamos conhecer bem tais seqüelas, pois todas terão incidência no âmbito escolar e, às vezes, nós, educadores, conhecendo os sinais de "alerta", poderemos evitar e prevenir complicações posteriores. Vamos analisar, então, algumas dessas seqüelas:

– *Hidrocefalia*: Presente em 80% dos casos de espina bífida aberta (Selles, 2000); é a condição patológica caracterizada pelo aumento de tamanho dos ventrículos cerebrais, com aumento da pressão intracraniana. Produz-se como conseqüência de um desequilíbrio entre a formação e a absorção do líquido cefalorraquiano (LCR). A terapêutica foi orientada para a meta de facilitar a absorção do LCR (já que qualquer desequilíbrio que se produza é por uma diminuição da absorção, sempre no sentido de produzir acumulação de LCR no interior dos ventrículos laterais), pois as tentativas

---

[5] Apontamentos extraídos das Atas do X Congresso Nacional de Espina Bífida e Hidrocefalia, realizado em Alicante, junho/julho de 2000.

INCAPACIDADE MOTORA **27**

de deter ou de reduzir a velocidade de produção de LCR, tanto as farmacológicas como as cirúrgicas, mostraram-se ineficazes (Álvarez Garijo, 2000). Constatamos isso diariamente, visto que entre nossos alunos com seqüelas de espina bífida e hidrocefalia encontramos muito poucos casos nos quais se tenha praticado uma plexectomia (corte/resseção dos plexos coróides dos ventrículos laterais), mas trabalhamos com crianças nas quais se desviou o LCR mediante a implantação de uma válvula, desde a cavidade ventricular até qualquer outra cavidade com capacidade estrutural para a absorção, principalmente a cavidade peritonial (Giraldo, Liñán, Salvador, 2000, válvula: 86,6%, plexectomia: 5,3%).

Devemos, contudo, saber que um desvio pode ter uma série de complicações:
- Precoces: infecção e obstrução do cateter ventricular.
- Tardias: válvulo-dependência.

Devemos diferenciar bem os sinais de alarme/alerta:
- Se observamos que nossos alunos, sobretudo em idades precoces, têm mudanças de ânimo, choram constantemente, queixam-se de dor de cabeça, apresentam vômitos, manifestam falta de apetite, dormem fora de hora e quando são despertados respondem mal, com o corpo ou os membros rígidos, tais observações podem indicar que a pressão intracraniana é muito alta, o que pode ser decorrência de um mau funcionamento da válvula e, por isso, devemos comunicar à família e/ou entrar em contato com os serviços de saúde pertinentes.
- Insistimos que, quando se trabalha com crianças pequenas, é conveniente observar se a fontanela faz relevo, se está arredondada sobre os ossos do crânio (em crianças menores de dois anos) e, sobretudo, se está dura e tensa.
- Verificar se o perímetro craniano continua aumentando (medir a cada 10/15 dias pode ser muito útil), já que tudo isso pode ser sinal de acumulação de LCR no interior do crânio e aumento da pressão nele.
- Devemos saber que praticar várias pulsações sobre a válvula, pelo menos uma vez por dia, servirá para comprovar que esta se comprime e volta a encher-se com grande facilidade, o que indica um funcionamento normal. Se não se comprime, ou está como que pregueada, pode estar obstruída. No primeiro caso, a obstrução estaria no cateter que sai dela; no segundo, no cateter que chega do

ventrículo. Sempre será preciso contrastar essa observação com a situação da criança; se não há vômitos nem dor de cabeça, se está contente, comentaremos com a família o fato para que transmitam a informação em sua revisão, mas se se observam os sintomas detalhados anteriormente como sinais de alerta, é urgente encaminhar a criança aos serviços de saúde especializados por meio dos familiares.

• Se observamos sinais inflamatórios, acumulação de líquidos, feridas, etc., na região em que está localizada a válvula (normalmente atrás do pavilhão auricular) ou ao longo do trajeto dos catéteres, também devemos notificar isso.[6]

– *Distúrbios Motores e Sensitivos:* Vamos encontrar alunos com paralisia nos membros inferiores, e não se descarta certo comprometimento dos membros superiores (sobretudo se têm hidrocefalia associada). Pode ser que tenham adquirido a marcha autônoma com suportes ortopédicos (ortoses diversas: aparelhos curtos, altos, talas, bastões, andadores, empurradores) ou que sejam usuários de cadeira de rodas.

Normalmente, utilizam cadeiras de rodas autopropulsionadas, pois desde pequenos lhes ensinam a potencializar seus membros superiores e controlar sua cintura escapular, para que possam realizar de forma autônoma suas transferências (passagem da cadeira ao vaso sanitário, à cama, à outra cadeira, por exemplo, a escolar). Por isso, é importante que, no colégio, potencializemos todo tipo de exercícios destinados a fortalecer seus braços. Os professores de educação física, os de apoio, os tutores, etc., devem conhecer a relevância dessas considerações. Por exemplo, estimular a criança a realizar impulsos (apoiando os braços nos braços de sua cadeira de rodas, elevar todo o corpo) é um exercício-chave para prevenir o aparecimento de escaras e outros problemas circulatórios.

Diante dos casos que apresentam uma paraplegia flácida, normalmente usuários de cadeiras de rodas autopropulsionadas, convém controlar a postura de seus pés e evitar posições de pernas "em livro aberto". Às vezes, simplesmente com velcro ou cintos, controlando as roçaduras, ou cuidando da altura do apoio de pés, pode-se conseguir um controle adequado de seus membros inferiores.

---

[6] Orientações obtidas da Unidade de Neurocirurgia Infantil do Hospital Universitário "Virgen del Rocío", de Sevilha.

Mais adiante, quando analisarmos a situação da turma e a conveniência de contar com um mobiliário adaptado às suas necessidades, atentaremos a esses aspectos com mais cuidado.

É muito importante não esquecer os problemas de sensibilidade nos membros inferiores. Evitar fontes de calor próximas, correntes de ar frio, parafusos desajustados em sua carteira escolar, pontas, etc., não é uma recomendação trabalhosa para os professores e evita que os alunos sofram acidentes ou queimaduras desnecessárias. É bom lembrar que eles não poderão alertar-nos sobre o dano sofrido, pois não sentem e, quando o percebemos, costuma ser por sinais tão evidentes que limitam sua prevenção.

– *Distúrbios Urológicos e Incontinência:* São poucas as informações que nós, profissionais de educação, temos sobre as possibilidades de reeducar os esfíncteres em nossos alunos com seqüelas de espina bífida. A maioria dos alunos com seqüelas de mielomeningocele nunca controlará seus esfíncteres (por ora) e, por isso, é errôneo condicionar sua escolarização à consecução de tal objetivo. A falta de controle de esfíncteres, a necessidade de usar fraldas, coletores, sondas, etc., costuma causar certa confusão na turma. Por isso, é muito útil explicar aos demais colegas a problemática apresentada; visto que se as crianças pequenas compreendem tais necessidades e aprendem a respeitar as diferenças, evitam-se situações frustrantes para os afetados no futuro.

As freqüentes infecções urológicas nesses jovens são uma das principais causas de seu grande absenteísmo escolar; por isso, deveríamos conhecer todas as técnicas que evitam o refluxo de urina e estimular nossos alunos para que as desenvolvam (a família deve consultar as indicações para esse efeito sugeridas pelos serviços pertinentes).

É louvável a postura dos professores que colocam as crianças afetadas em lugares ventilados, perto da janela, e introduzem na classe odores e fragrâncias agradáveis (queimando folhas secas, incenso, colônias, etc., que devem ser alternadas), sobretudo nos meses de calor.

Também é importante que estimulemos em nossos alunos, desde pequenos, a mudança autônoma das fraldas; treiná-los para fazer isso variando as posturas (ajoelhados, deitados, com pontos de apoio, etc.), contando também com a colaboração familiar, costuma dar resultados muito bons, assim como as operações para a sonda.

– *Distúrbios de Aprendizagem:* Embora estejamos sempre nos desafiando para estudar mais detalhadamente tais dificuldades, a rotina diária não nos possibilita trabalhos de pesquisa de forma sistemática.

São óbvias as dificuldades de atenção e de concentração nessas crianças; às vezes, sua grande dispersão distorce bastante qualquer processo e estratégia de aprendizagem.

Em outras ocasiões, a grande capacidade de comunicação oral em NÍVEL EXPRESSIVO que manifestam, sobretudo os alunos com hidrocefalia, nos leva a criar expectativas excessivas. O trabalho continuado com eles logo nos fará ver que seu nível de compreensão não está relacionado com o anterior e, por isso, a eliminação de estímulos desnecessários, a reiteração e a programação sistemática da tarefa, reforçando cada êxito alcançado, serão táticas habituais em nossa atuação como educadores.

Não se trata de ir detalhando cada uma das possíveis seqüelas que pode implicar tal patologia; estas podem ser estudadas e consultadas na bibliografia existente sobre o tema e de uma maneira muito mais exaustiva; tentamos alertar sobre as características dos alunos com os quais vamos conviver e trabalhar, e obter informações dos serviços que os atenderam até então, e, naturalmente, com as famílias e as associações de pais e pessoas com esse tipo de incapacidade.

Insistimos mais uma vez na necessidade de não nos anteciparmos, de não pressupor que o aluno será capaz de aprender. Partindo de sua situação e de suas potencialidades, devemos combiná-las com seus interesses e suas motivações, adaptar-nos a seu ritmo de trabalho e, reforçando suas aprendizagens, alegrar-nos com seu desenvolvimento escolar e felicitá-lo por seus resultados.

Um simples diagnóstico de "espina bífida" nem sempre nos diz muito, pois temos alunos com seqüelas de mielomeningocele concluindo seus estudos universitários e outros com graves comprometimentos em suas possibilidades de conexão com o meio. Nosso desafio como educadores é reforçar suas potencialidades em ambos os casos.

Distrofias musculares

São, como seu nome indica, doenças dos músculos, que se deterioram paulatinamente, de maneira que se vai limitando a mobilidade das pessoas e debilitando-se seu sistema muscular respiratório. Em alguns casos, evoluem para uma paralisia total, e o afetado vive então em cadeira de rodas, de modo que tal situação condiciona todas as atividades da vida cotidiana.

Podem ser de origem neurogênica (por um mau funcionamento do sistema nervoso) ou miogênica (degeneração das próprias fibras musculares).

Existem várias classificações das doenças musculares, porém, mais uma vez, temos de enfocar os dados verdadeiramente relevantes para nós, como educadores, isto é, confirmar que estamos diante de um processo evolutivo. Na "maioria" dos casos, sim; mas devemos ser informados igualmente de:

- velocidade com a qual se prevê sua progressão;
- regiões ou áreas do corpo que serão mais afetadas (distribuição da destruição muscular);
- idade em que se iniciou o processo (para poder analisar em que medida tal processo alterou ou afetou o desenvolvimento pessoal e escolar).

Mais uma vez, o contato com a família e os serviços de saúde são o denominador comum de nossa intervenção.

Praticamente, todas as doenças musculares têm uma origem genética ou hereditária; por isso, é importante orientar a família sobre possíveis reincidências na descendência.

Devemos saber que essas doenças não têm por que afetar a capacidade intelectual da pessoa, embora, obviamente, a vivência da própria deterioração física de que padecem tenha uma série de repercussões, razão pela qual podem-se observar condutas de irritabilidade, mudanças de caráter e de estados de ânimo, problemas de auto-estima ou de rebeldia-resignação, com a conseqüente repercussão no âmbito de suas relações e, naturalmente, no desenvolvimento escolar.

É necessário ajudá-los, inclusive com apoio psicológico, tanto a eles como aos familiares, a aceitar o quanto antes sua situação. Algumas diretrizes a seguir seriam:

- Motivá-los na medida de nossas possibilidades, buscando compensações à incapacidade física.
- Ministrar-lhes atividades relacionadas, por exemplo, com a pintura ou outros trabalhos manuais, já que podem continuar utilizando as mãos para esses exercícios.
- Estimulá-los com apegos: coleções, gosto pela música e pela escrita, jogos de mesa, etc.
- É importante sabermos a importância de se programar para eles todo tipo de atividades voltadas à melhoria da respiração: cantar, gritar, tocar apitos, flautas, etc.

- Toda a equipe docente deve levar em conta que são contra-indicados o esforço físico e a manifestação de fadiga muscular e, por isso, devemos assegurar-nos permanentemente do estado de nosso aluno, para poder ajudá-lo em cada uma das fases pelas quais passe sua afecção.
- É importante conjugar vários critérios em nível educativo:
  – A priorização/seleção de conteúdos em função de seus interesses e motivações, com a estratégia de manter os ritmos de aprendizagem para os quais estão capacitados.
  – A manutenção de suas condutas motoras (por exemplo, a escrita manual), com a introdução no manejo de suportes técnicos à comunicação, incorporação precoce às novas tecnologias da informação e da comunicação, que lhe seriam muito úteis em "seu" futuro.

Em qualquer caso, a ESCOLA deve estar preparada para adaptar-se às novas e mutáveis necessidades de tais alunos, de maneira que eles não se vejam como impecilhos ou obstáculos às reestruturações ou às modificações que se tenha de estabelecer.

Como analisaremos no capítulo seguinte, é o sistema educativo que deve planejar sua intervenção, nesse momento, com os alunos para os quais as estratégias irão variando em função das fases de sua doença, o que implicará o aumento das adaptações materiais e dos recursos humanos, a busca constante de informação, a proposição sistemática de atividades recreativas e o contato com outros afetados e suas famílias (por meio de associações, intercâmbios de experiências, etc.).

Problemas de crescimento

Por último, vamos simplesmente resenhar outros quadros motores que, com uma incidência muito menor, encontraremos entre nossos alunos com incapacidade motora: as afecções esqueléticas (incluindo nesse item todas as doenças que afetam o crescimento e o desenvolvimento), como acondroplasias, osteogêneses imperfeitas ("ossos de cristal"), osteocondrodistrofias (como o Morquio e outras mucopolissacaridoses).

Sobretudo as primeiras não são necessariamente acompanhadas de deficiência cognitiva, e, por isso, a resposta educativa deverá ser planejada na **escola** (adaptando seus espaços, eliminando suas barreiras arquitetônicas,

propiciando um meio acessível, facilitando a mobilidade por todo o prédio); a partir da **sala de aula** (adaptando o mobiliário escolar e reestruturando os elementos desta), para, finalmente, acoplar todas essas medidas às necessidades especiais dos **alunos** em questão.

Artrogripose

Todo o parágrafo anterior valeria para estruturar as necessidades educativas especiais dos alunos com malformações congênitas; vamos nos centrar na artrogripose, por ser uma das patologias que requer maiores adaptações de acesso ao currículo.

Trata-se de uma doença caracterizada por um desenvolvimento deficiente da musculatura esquelética, associada a contraturas simétricas e múltiplas das articulações. Não é um quadro progressivo e sua origem não é clara. A intervenção (terapêutica) é apenas sintomática, direcionada a manter a função que já existe e preservar as articulações na postura mais funcional possível. Como vamos insistir nos capítulos seguintes, "quem mais sabe da doença é a pessoa que padece dela", e esse é um dado real quando trabalhamos com crianças com tal problemática; são elas que melhor vão indicando se a adaptação da cadeira ou do lápis lhes proporciona alguma utilidade. São surpreendentes suas capacidades para tornarem-se cada vez mais funcionais nas atividades próprias do âmbito escolar, que generalizam muito bem às suas demais situações e vivências.

A Escola e os Alunos com Incapacidade Motora

3

A ESCOLA

A elaboração e a análise da resposta educativa que deve ser oferecida a nossos alunos só pode ser feita da perspectiva da escola.

Do mesmo modo que a **família** e os **serviços de saúde** são os pontos de referência da pessoa afetada a partir do momento em que se detecta a deficiência, ao iniciar-se a etapa escolar é a **escola** que capta esse "testemunho", essa criança que deve ser atendida em função das características e das necessidades que apresenta. Apenas quando estivermos diante de um modelo de escola **compreensiva e aberta**, que respeite a diferença e tenha como objetivo a **atenção à diversidade dos alunos**, poderemos estruturar uma intervenção educativa adequada que favoreça, potencialize e possibilite o desenvolvimento pessoal e social de nossos alunos, sejam estes usuários de cadeira de rodas, pertencentes a uma minoria étnica, com problemas de visão e/ou audição, ou simplesmente garotos com interesses e motivações que não se enquadram no âmbito escolar.

Ao nos situarmos diante de uma escola, teremos de conhecer seu "projeto", isto é, manejar os instrumentos que utilizará para planejar sua organização, e que, supõe-se, são os que garantem uma ação educativa adequada. Quando uma comunidade educativa manifesta e expressa suas "finalidades" e, entre estas, defende o modelo de uma escola compreensiva com o desafio (fato) de enfrentar o risco de abordar a atenção às diferenças dos alunos dentro da turma comum, transformando o sistema e flexibilizando os recursos, a fim de que todos os alunos e alunas progridam e se sintam integrados nele (Lobato Cantos, 1996), encontramos o caminho mais segu-

ro para iniciar um desenvolvimento escolar satisfatório de nossos garotos, nesse caso, alunos com incapacidade motora.

Se no projeto curricular da escola considera-se que esses princípios são as bases imprescindíveis para:

- sua organização e seu funcionamento coerentes;
- considerar e definir os planos de orientação educativa (ação tutorial, atenção à diversidade, orientação vocacional e profissional);
- estruturar o plano de formação dos professores,

...observaremos que nossos modelos de intervenção, em nível de turma e de necessidades educativas especiais de um aluno em questão, já estão previamente desenvolvidos, independentemente da zona (rural ou urbana) na qual se localiza a escola, os recursos internos ou externos de que disponha, as características de seus alunos (quanto a ritmos de aprendizagem, necessidades educativas especiais, etc.), ou a idiossincrasia de suas classes e dos tutores encarregados delas, já que todas essas condições ou premissas terão sido consideradas, e ressaltadas, no desenvolvimento do projeto da escola, conscientizando-nos de que **a escola é para todos e adaptada às diferenças**.

Se todos esses pilares básicos são claros, consensuais e aceitos, se ideologicamente são apoiados e se nos comprometemos a colocar em prática a atenção aos alunos com necessidades educativas especiais, como se pode ainda encontrar ou viver situações nas quais se questione a incorporação de um garoto a uma determinada escola? Não é compreensível que se diga que uma criança só terá acesso à escola quando se instalar um elevador, ou que se condicione sua matrícula e sua assistência à disponibilidade de um monitor de educação especial. A escola, como tal, fica definida como centro educativo, precisamente por atender e contemplar a diversidade dos alunos, da seus usuários, tendo desenvolvido, entre suas finalidades educativas, as condições físicas de que necessita para abordar e garantir uma adequada atenção educativa; portanto, a não-disponibilidade de determinados recursos não deve ser atribuída ao aluno que solicita seu ingresso, ou requer tais medidas, nem à sua família, mas é a comunidade educativa que deve adotar as medidas oportunas, por meio da administração educativa ou de titulares da escola, para dispor e reestruturar os recursos necessários para solucionar a situação.

Tendo-nos posicionado ideologicamente e, no âmbito legal que nos rege, achamos necessário apontar uma série de dados que nos permitam esquematizar os aspectos que deveriam ser considerados em todo projeto

de escola, sobretudo quando se trabalhará com alunos com necessidades educativas especiais em conseqüência de uma incapacidade motora.

Recursos materiais
– Facilitadores do acesso e da mobilidade pela ESCOLA:
  • Eliminação das barreiras arquitetônicas horizontais, de acesso ao andar térreo (rampas).
  • Eliminação das barreiras arquitetônicas verticais, o que supõe a necessidade de contar com suportes técnicos que solucionem os desníveis de planta (ascensores, esteiras, escada rolante, elevadores, etc.),
  • tudo isso a fim de garantir a mobilidade dos alunos e seu adequado desenvolvimento em todo o recinto escolar.
– Facilitadores de permanência do aluno na SALA DE AULA:
  • Adaptações específicas do mobiliário.
  • Recursos que possibilitem as mudanças posturais.
  • Redistribuição e reorganização dos materiais padrão (quadros, cabides, etc.).
– Potencializadores da autonomia nas atividades de asseio e higiene:
  • Banheiros adaptados: espaços amplos, acessíveis, próximos aos lugares de maior afluência dos alunos.
  • Acessórios de banho remodelados, ou com acoplamento de suportes técnicos: redutores e estabilizadores de vaso sanitário, pontos de apoio em banheiros e lavabos, etc.
  • Manejo e familiarização com instrumentos mais específicos: sondas, coletores, tampões anais, etc.

Embora as adaptações e os recursos materiais para favorecer e potencializar as possibilidades de manipulação e comunicação de nossos garotos sejam desenvolvidos no item dedicado aos alunos e as suas necessidades, é óbvio que a introdução de recursos alternativos ao papel, ao lápis e à fala repercute em toda a turma e introduz elementos inovadores e motivadores para toda a comunidade escolar: alunos, professores e famílias.

Recursos pessoais

  • TUTOR.
  • Educador/Monitor.
  • Serviços especializados internos: professores de apoio, fonoaudiólogo, etc.

- Serviços externos à escola: equipes de orientação educativa (regionais ou específicas), orientadores de referência, outros serviços não-educativos, etc.
- Equipe da escola (docente, administrativa, do setor de serviços – de transporte, refeitório, atividades extra-escolares, etc.).
- Famílias.
- APA.
- Voluntariado, etc.

Todos eles devem estar envolvidos no trabalho educativo e ter definidas suas competências, suas responsabilidades e o trabalho cooperativo.

Não podemos finalizar este item sem chamar a atenção para a necessidade de abordar, no âmbito da escola, a definição dos aspectos organizacionais e considerá-los em suas finalidades:

- a localização adequada da sala na qual estejam integrados nossos alunos; preferencialmente no andar térreo (para facilitar os complicados planos de evacuação), e a racionalização dos deslocamentos pela escola, o que implicará, eventualmente, uma reestruturação de horários, aulas, etc.;
- a flexibilização dos grupos (seja em relação a nível, ciclo ou etapa);
- a facilitação de apoios (dentro e fora da turma de referência);
- a adaptação curricular;
- a predisposição para buscar estratégias e procedimentos que facilitem a transmissão de valores, conhecimentos e o desenvolvimento integral da pessoa;
- a estruturação do plano de formação dos professores, em função dos requisitos e das atenções especiais que esse tipo de aluno necessita. Defendemos uma postura aberta à reciclagem contínua, à formação permanente e à revisão de todos os itens relacionados. Trata-se de um processo contínuo e ativo, no qual passamos da reflexão à ação para estruturar melhorias na intervenção, que condicionarão o êxito da preparação que todos precisamos e que estamos desejosos de incluir na prática de nosso trabalho como **educadores**.

Não há dúvida de que o grande desafio da atenção à diversidade ainda está no professor da matéria, no TUTOR em sua TURMA e no currículo ordinário, aspectos que serão desenvolvidos e comentados no capítulo a seguir.

A SALA DE AULA

É no âmbito da escola que a intervenção educativa toma forma, que se definem as finalidades e, em geral, no qual se encontram os planos de atuação, seu funcionamento e sua organização. Vamos nos situar no plano da aula habilitadora, em que o elemento mais importante é, sem dúvida, a aula propriamente dita e o tutor. Aqui consideraremos alguns dos fatores e dos aspectos próprios desta, na qual realmente se desenvolve o processo de ensino/aprendizagem.

Está claro que a responsabilidade pedagógica e organizacional da aula é assumida pelo tutor e que a evolução educativa e pessoal dos alunos, sem distinção entre eles, de suas necessidades educativas, depende das aptidões deste, isto é, uma boa prática educativa é positiva para todos os alunos.

Quando as necessidades educativas são especiais, pela incapacidade que o aluno apresenta, seria preciso aprofundar-se em alguns aspectos que colaborassem, complementassem e, em suma, apoiassem o trabalho do tutor de classe.

Em primeiro lugar, é preciso destacar o papel fundamental que desempenha a equipe educativa no desenvolvimento educacional. Nos supostos que manejamos, a equipe que seria formada pelos professores especialistas (apoio e/ou fonoaudiologia), o educador, o fisioterapeuta, o psicólogo ou o pedagogo de referência e, naturalmente, o próprio tutor. Na realidade, todos os profissionais que lidam com os alunos em questão.

As relações com a família e o intercâmbio de informação são fundamentais para um bom funcionamento da equipe, tanto no momento de obter informação (não devemos esquecer que é a família que conhece melhor o aluno), como no momento de transmiti-la, para que o grupo possa manter estratégias e trabalhos que se estabeleçam na escola e entre todos.

Da coordenação de toda a equipe docente decorrerá um trabalho mais ágil e produtivo com os alunos com incapacidade motora, e a avaliação de suas necessidades e de suas potencialidades, assim como a tomada de decisões em geral, será mais rica e mais completa se realizada coletivamente.

É aqui que se deverá valorizar, além das necessidades dos alunos, aquelas específicas da escola nessa área, entre elas a obrigação de dispor de pessoal suficiente que complemente a tarefa docente do tutor e que

supra a necessidade educativa do aluno, tanto no apoio pedagógico (professor), no tratamento específico (fonoaudiólogo, psicólogo ou fisioterapeuta), como na atenção às suas necessidades mais elementares (educador ou monitor especialista).

Partimos da importância de realizar uma boa **avaliação inicial** do aluno, que realmente nos situe e nos indique o caminho a seguir.

Na turma, vamos considerar os aspectos de **organização de grupos**, isto é, a utilização de diferentes formas de agrupamento favorecerá uma aprendizagem mais interativa, não apenas aos alunos com necessidades educativas especiais, mas toda a turma.

É preciso, pois, que o tutor utilize grupos flexíveis que, em função das circunstâncias e dos conteúdos, podem abranger:

- grande grupo;
- trabalho em pequeno grupo;
- utilização da tutoria entre iguais;
- atenção individualizada ao aluno em períodos curtos.

Devem-se considerar os horários e as necessidades do aluno **sair da aula para outras atividades e apoios**. De quando, para que e como, e talvez se valorize a importância de realizar essas intervenções específicas na presença do restante do grupo, em uma turma. Às vezes, uma boa fórmula é que essa saída da aula seja feita com outros alunos, o que significaria que sair "para o apoio", além de ser proveitoso para algum outro colega, modificaria a opinião das crianças sobre o significado do "apoio", considerando-a uma atividade rica para toda a turma.

Em qualquer caso, é preciso recordar que todos os espaços e todos os momentos são importantes para a aprendizagem. Assim, devemos considerar a **flexibilidade nos horários** de apoio da criança, de modo que não interrompam ou desperdicem situações e vivências importantes da aula.

Deve-se ter sempre presente "para onde" e "para que" tiramos a criança de seu grupo. Há momentos, e todos temos consciência da importância de situações realmente relevantes para a aprendizagem, em que as interrupções são causadas por um horário estrito e um funcionamento automatizado.

Como aspectos **metodológicos**, na aula nos questionaremos sobre como dar seqüência às tarefas, introduzindo atividades complementares, evitando o risco de fracasso e atividades que provoquem frustrações desnecessárias. Usando materiais adequadamente adaptados, conheceremos seus interesses e suas motivações.

Sem dúvida alguma, uma das principais áreas que necessitará de diferentes adaptações é a dos materiais didáticos, ou, em outras palavras, na escola teremos de promover e facilitar a manipulação dos instrumentos escolares.

Em geral, seja por impossibilidade ou por dificuldade de pegar as coisas, de poder agarrá-las ou soltá-las, os alunos necessitarão de algum suporte ou adaptação para fazer uma preensão eficaz e operacional.

Do ponto de vista dos **conteúdos e objetivos**, às vezes teremos necessidade de priorizá-los, de incorporar alguns novos (casos de sistemas de comunicação aumentativa) e, como critério geral, considerar a possibilidade de eliminar outros.

Manter, por parte dos profissionais, **atitudes abertas e flexíveis** no momento de organizar os conteúdos e as estratégias metodológicas, os apoios e os tratamentos que o aluno recebe nos levará a considerar como espaços de aprendizagem não apenas as quatro paredes da sala, mas também os recreios, as atividades lúdicas, criativas, a psicomotricidade, a educação física e as excursões, que são momentos considerados importantes para o crescimento pessoal de todos os alunos, incluindo especialmente os que apresentam inabilidades.

É na sala de aula que se concretizará a maioria das atitudes socializadoras, as relações interpessoais, e estas dependerão em parte da informação inicial que se proporciona ao grupo sobre a incapacidade, assim como do trabalho em **educação dos valores** que se desenvolve na aula.

Por outro lado, observamos que as atividades na sala de aula, no recreio ou em outros espaços vão desenvolvendo atitudes solidárias, tolerantes, de respeito e compreensão da diferença, e constataremos que isso, sem dúvida, beneficia todo o grupo.

Será trabalho do tutor, portanto, observar, promover e rentabilizar essas atitudes positivas para todos. A educação nos valores será mais fácil se a convivência for tolerante; se o grupo for diversificado, compreende-se melhor a diferença e a igualdade de oportunidades; se existem necessidades distintas, se desenvolvem diferentes capacidades e a solidariedade será um valor que brotará com facilidade.

É importante que na *informação* que se vai proporcionando ao grupo o próprio aluno com incapacidade motora seja o protagonista, isto é, o nível de informação deve ser dado pelas crianças, já que, às vezes, são

elas próprias que preferem dar a informação necessária em cada momento.

É melhor falar da maneira mais natural e mais normal possível, fugindo de tecnicismos e dados excessivamente clínicos que, longe de proporcionar informação relevante para a normalização, aprofundam as insuficiências e as deficiências. Haverá tempo para tudo, inclusive para satisfazer a curiosidade salutar dos alunos. O grupo e o próprio aluno com incapacidade darão as diretrizes.

Será preciso considerar os critérios de temporalidade, sempre levando em conta as características do aluno, tanto na apresentação dos conteúdos como em dar o tempo necessário, normalmente aumentá-lo, para a consecução dos objetivos por parte de tal aluno.

Já nos aspectos relacionados com a **avaliação** das aprendizagens, será preciso considerar a introdução de algumas estratégias:

- mais tempo para a realização das provas, além da adequação destas segundo as dificuldades e as potencialidades;
- realização de provas orais, ou adaptadas, respondendo a questionários, isto é, podemos avaliar um conteúdo com diferentes instrumentos de avaliação, nem sempre sendo necessário recorrer à prova escrita.

Quanto aos **critérios espaciais**, são variados os aspectos e as observações que apresentamos.

Uma vez que asseguramos o acesso e a movimentação pela escola, teremos de organizar a sala de aula de maneira que um possível usuário de cadeira de rodas ou de algum suporte para caminhar (bengalas ou andadores) **possa manobrar e circular por ela sem dificuldade**. Situar sua carteira escolar perto da porta para facilitar a entrada e a saída, ampliar os espaços de passagem e possibilitar o acesso e o alcance dos objetos e dos mecanismos (interruptores de luz, cabides, trincos de armários e portas, etc.) são exemplos de medidas a adotar em nível de classe, de remodelação de espaços.

Colocar o quadro de forma acessível, baixando sua altura e suprimindo estrados. (Em alguns casos, colocou-se um segundo quadro em posição vertical, ou ambos verticalmente, o que mantém – na realidade quase duplica – a superfície de quadro útil, mas para todos).

Sempre causa boa impressão ver como as coisas simples, como baixar algum cabide, tornar acessível o interruptor de luz com uma adaptação, ou

algum símbolo do sistema de comunicação utilizado pela criança, na porta ou no quadro, são amostras de que a sala de aula é acessível; essas pequenas coisas fazem com que **o espaço seja de todos e para todos.**

A organização das carteiras também é um elemento integrador; há uma diferença entre agrupar todas as mesas deixando afastada a que é diferente e incorporá-la ao grupo, considerando a supressão de bordas, se for necessário.

A localização da carteira escolar, as adaptações e os suportes para a leitura (com atris, lâmpadas ou luminárias para tornar mais claro o ambiente), para a escrita manual ou com máquinas eletrônicas ou computadores, para a comunicação aumentativa com painéis fixos ou portáteis, etc., determinarão que a carteira escolar esteja em um lugar ou outro. Teremos de valorizar a proximidade do quadro, da porta, a necessidade de iluminação artificial, com interruptor próximo, em suma, devemos considerar todas as necessidades que possam surgir, inclusive a proximidade da mesa do professor, quando há situações de apoio individual.

Não se pode esquecer de habilitar estantes ou mesinhas de apoio de fácil acesso autônomo, para colocar e guardar materiais, livros e jogos.

O passo seguinte que teremos de enfocar é como a criança **mantém a postura** ao realizar os trabalhos próprios da escola.

Um bom controle postural é fundamental para todos e cada um dos momentos e das tarefas do dia. Desde as atividades de higiene pessoal, o vestir-se, a alimentação, o transporte, o assentamento e, naturalmente, as tarefas escolares, exigirão, em alguma medida (dependendo sempre dos usuários), uma valoração postural, para que as tarefas sejam o mais funcionais e gratificantes possíveis.

O assentamento, o estar sentado é, sem dúvida, a postura mais utilizada e à qual teremos de dar mais atenção.

O controle da postura deve ser considerado da forma mais aberta e flexível, combinando a comodidade, a funcionalidade, a segurança e a prevenção de possíveis deformidades, em geral fugindo de adaptações aparatosas, embora as necessidades de cada um nos indiquem as diretrizes.

Partiremos do pressuposto que as cadeiras de rodas são suportes técnicos para o transporte e para o deslocamento e, por isso, a transferência para outro assento, em nosso caso a carteira escolar, na maioria das situações é muito importante.

Devemos buscar um bom assentamento, com um mobiliário escolar adaptado, suportes para o posicionamento e outros materiais adequados que facilitem aos meninos e às meninas um bom controle postural, assim como uma melhor interação do aluno com seu ambiente escolar. Em suma, que favoreça suas possibilidades de comunicação e de aprendizagem.

Por isso, e pela peculiaridade dos déficits de cada um, os suportes, as modificações e as adaptações no mobiliário são pessoais, já que pretendem responder a necessidades individuais.

Cada vez mais, aumenta o número de cadeiras de rodas com diferentes sistemas de posicionamento que asseguram um bom controle postural geral e, por isso, em muitos casos não serão necessários outros assentos, embora sejam recomendáveis outras mudanças posturais, durante a jornada escolar, seja em bipedestação (com algum suporte técnico) ou em decúbito (com colchonete). Sempre requisitaremos assessoramento técnico dos profissionais do âmbito de saúde que trabalham com a criança, seja o médico reabilitador ou o fisioterapeuta de referência.

É importante destacar que tanto o formato como a decisão das adaptações necessárias têm um caráter multiprofissional, sendo imprescindível o assessoramento dos médicos reabilitadores ou fisioterapeutas, que examinam periodicamente as crianças. Deve-se levar em conta as opiniões de professores, educadores, famílias e, naturalmente, do próprio usuário, se este puder manifestá-las.

No que se refere às adaptações do mobiliário, têm de ser o mais simples possível, além de estéticas e normalizadoras. Por isso, utilizaremos como base para as adaptações o próprio mobiliário da escola e, inclusive, em alguns casos, para adaptações diferentes da carteira, usaremos os mesmos materiais e as mesmas cores.

Como norma geral, conseguir a mesma altura de trabalho que o restante do grupo favorecerá a inter-relação com os colegas, fazendo com que esteja visualmente no mesmo nível e que mantenha uma postura alinhada.

É preciso contar com um mobiliário suficiente para os diferentes locais da escola onde o aluno desenvolva suas atividades. Algumas vezes, as modificações serão determinadas pela tarefa que se vai realizar: será diferente se nos reportamos à carteira escolar, à mesa de desenho, para a oficina de tecnologia, para o laboratório de idiomas ou para o de ciências.

Para quase todas as atividades escolares é recomendável que a mesa seja inclinada, pois a inclinação do tampo favorecerá a postura, a visão e o manejo de determinados materiais.

Se o tampo dispuser de bordas, os objetos poderão ser melhor manipulados, o que impedirá que caiam no chão com freqüência, devido, em muitos casos, às dificuldades próprias da manipulação ou pelos movimentos involuntários. Ao mesmo tempo, reduziremos o número de vezes em que é preciso agachar-se para recolher os materiais do chão.

A posição sentada, com dissemos anteriormente, deve ser assessorada pelos técnicos na matéria. Como critérios gerais, procuraremos:

- colocar os pés devidamente apoiados e ligeiramente separados, em ângulo reto com as pernas;
- apoiar a pélvis em ambas as nádegas (se for necessário com uma cunha pendente para facilitar um melhor controle, com uma base mais elevada para ajudar a separação dos músculos);
- apoiar as costas no espaldar, este com possibilidade de inclinação e de poder contar com limites laterais, suportes para o peito, cintas ou cinturões pélvicos ou de tronco.

O mobiliário adaptado deve ser submetido a revisões periódicas para uma melhor adequação, sendo fundamental a intervenção da equipe docente, que poderá detectar possíveis carências ou necessidades de modificação. Os docentes, por estarem junto com as crianças em todas as situações, é que poderão avaliar melhor as necessidades de remodelação.

Em suma, proporcionar comodidade, facilitar o equilíbrio, estabilizar o tronco, os braços e os membros inferiores, evitar posturas incorretas, proporcionar segurança, favorecer o controle e o alcance dos materiais escolares e, portanto, melhorar a auto-estima dos alunos são os principais objetivos visados pelas adaptações do mobiliário escolar.

Uma vez que desenvolvemos os aspectos relacionados com a classe e sua organização, vamos nos centrar naqueles diretamente relacionados com os alunos.

OBJETIVOS, ATITUDES E ESTRATÉGIAS DE TRABALHO EM RELAÇÃO AOS ALUNOS

Procuraremos analisar sumariamente o que consideramos pontos-chave no processo de ensino de crianças com incapacidades motoras:

- Buscar a informação.
- Avaliar as potencialidades.
- Priorizar a comunicação.
- Habilitar o ambiente da aprendizagem.

Busca de informação

Quando se incorpora ao âmbito escolar uma criança que tem algum tipo de incapacidade, é preciso considerar que, por menor que seja, normalmente ela já percorreu um longo caminho de serviços médicos, reabilitadores, avaliadores, sociais, etc., e que **na conexão com todos esses profissionais**, que já conhecem e já trabalharam com essa pessoa e sua família, estará **a chave para partir de um ponto bem-sucedido na formulação dos primeiros contatos, como também a base para realizar um bom planejamento de sua habilitação e seu ensino na escola**.

Normalmente, freqüentaram serviços de atenção precoce, escolas infantis, serviços de fisioterapia, fonoaudiologia, consultórios psicológicos e, no mínimo, consultas médicas, que nos proporcionarão uma valiosa informação complementar.

Embora seja algo reiterado, na grande maioria das publicações, insistir na importância transcendente que tem o trabalho em equipe, não queremos deixar de comentar que tal equipe é formada não apenas pelas diferentes instâncias educativas, mas por todos os profissionais que interferem junto à criança, sendo **absolutamente imprescindível uma coordenação interinstitucional**.

Já foram mostradas no primeiro capítulo deste livro as diferenças específicas das seqüelas de algumas das patologias mais freqüentes na infância, que formam a complexa trama da incapacidade motora. São essas características específicas que devemos buscar na coordenação com os sistemas de saúde e de habilitação, para conhecer com profundidade as considerações e os cuidados concretos que requer cada um de nossos alunos.

Não se pode pretender os mesmos objetivos, com idênticas estratégias e recursos, para pessoas com uma situação estável corporal e de funções, e para aquelas cuja involução, por alguma doença de caráter degenerativo, causará perda de potencialidades. Nessa busca de informação nunca podemos esquecer a própria criança. É ela que nos fornecerá as melhores pistas, tanto verbais como corporais, emocionais e comportamentais para que possamos dar-lhe respostas úteis e consistentes.

Avaliação das potencialidades

Embora com muitas resistências, felizmente, do nosso ponto de vista, está sendo abandonado na escola o modelo clínico de avaliação das pessoas com incapacidade, que inspirou o trabalho tanto psicológico como pedagógico nas últimas décadas.

Foram muitas as vozes de profissionais da educação e de pais e mães que se ergueram para dizer que uma avaliação clínica baseada em déficits e em quocientes intelectuais não proporciona caminhos de trabalho com orientações metodológicas úteis que, afinal, é o que todos necessitamos (alunos, família e profissionais).

Sem nos determos nesse aspecto, visto que é suficientemente tratado em outros escritos (Soro-Camats, 1997; Gallardo e Salvador, 1994; MEC-CNREE, 1990), vamos fazer algumas **considerações ou sugestões de práticas** que consideramos importantes no momento de propor um ponto de partida (avaliação) para planejar uma correta habilitação:

- Avaliar de forma multidisciplinar.
- Partir das capacidades, não dos déficits.
- Buscar as melhores vias de comunicação com a criança.
- Oferecer uma variedade de situações para poder realizar observações diversas.
- Utilizar materiais do cotidiano, conhecidos pela criança.
- Prestar muita atenção aos processos: estratégias de resolução dos problemas apresentados, estilos de pensamento e aprendizagem. Nem sempre são os resultados finais que informam.
- Oferecer à criança uma ampla gama de materiais adaptados e suportes técnicos adequados.
- Se necessário, oferecer colaboração e execução assistidas.
- Tomar um cuidado extremo para não criar situações permanentes de fracasso e frustração.
- Propiciar um ambiente descontraído.
- Buscar a participação da família e de pessoas-chave.
- Ter consciência de que a primeira avaliação deve SER UM PONTO DE PARTIDA ÚTIL.

O conhecimento mais preciso das possibilidades de aprendizagem em todas as facetas de uma criança com alteração em sua motricidade e, na maioria das vezes, na comunicação, produz-se no próprio processo de ensi-

no; são os profissionais que vão conhecendo melhor no dia-a-dia, com a apresentação das diversas oportunidades que proporciona uma boa vida escolar, quais são os caminhos que se deve seguir, tanto metodológicos como de materiais adequados.

Se oferecemos um ambiente pobre em estímulos e com rotinas excessivamente rígidas, não poderemos saber como são as respostas de nossos alunos, já que estamos limitando suas possibilidades de aprendizagem e a busca de novas respostas neles mesmos.

Sem cair em falsas expectativas, o limite do desenvolvimento de suas possibilidades nunca deve ser estabelecido por nós, profissionais. A cada dia somos testemunhas de grandes surpresas, causadas por crianças com graves afetações e que têm **um ambiente habilitador, aberto e potencializador de suas capacidades**.

Nesse aspecto, nas administrações educativas e formativas deve-se ter normas flexíveis, que levem em consideração os limites da idade de acesso a determinados estudos (programas de garantia social, módulos formativos, formação ocupacional, etc.), às pessoas com algum tipo de incapacidade. Ocorrem circunstâncias decorrentes da própria incapacidade (hospitalizações, operações, convalescências, tratamentos), que podem necessitar de mais tempo para a maturação de alguns aspectos. Esses são argumentos suficientes e causa justificada para flexibilizar o acesso aos períodos formativos e a sua duração.

Priorizar os objetivos visando a uma boa comunicação

No momento de programar e planejar o trabalho a ser realizado, juntamente com a criança, sua família e os demais profissionais, temos de considerar como primeiro objetivo a instauração de um bom canal de comunicação. O desenvolvimento equilibrado e harmônico do ser humano, em todas as suas vertentes, passa pela possibilidade de transmitir sentimentos, idéias, pensamentos e sensações e compartilhá-los com seus iguais e com as pessoas adultas de referência.

Muitos de nossos alunos não têm a opção de uma linguagem oral funcional, seja por disfunções motrizes ou por déficits cognitivos. Desde idades muito precoces, temos de colaborar e oferecer à criança maneiras para poder estabelecer relações múltiplas com seu meio. Temos de fugir do mito

prejudicial, ainda defendido por alguns "profissionais", de que quando se facilita à criança estratégias comunicativas mais amplas e variadas que a linguagem oral (comunicação aumentativa), ela não se desenvolverá adequadamente. Reforçando essa idéia: "O mais importante é que a criança consiga um nível de linguagem compreensivo e produtivo tão complexo, funcional e multimodal quanto possível, e quanto antes melhor... A utilização dos sistemas mencionados não se contrapõe à utilização de técnicas de fonoaudiologia tradicionais, mas achamos que complementam e otimizam as condições de aprendizagem das crianças desde sua idade mais precoce." (Soro-Camats, E., 1998).

Habilitar o ambiente da aprendizagem às necessidades dos alunos

Dependendo do lugar geográfico e das normas educativas vigentes em cada país ou comunidade, a terminologia usada para descrever os passos que se deve seguir no planejamento do programa educativo de uma criança com necessidades educativas especiais varia, e, por isso, vamos tentar fazer aqui um esboço dos principais componentes que devemos levar em conta ao começar a trabalhar com as crianças.

- Objetivos *úteis.*
- Materiais *facilitadores.*
- Ritmos de trabalho *adaptados às necessidades e às possibilidades.*
- Estratégias metodológicas *adequadas.*
- Grupos *flexíveis.*
- Atitudes *flexíveis, adequadas, sensatas, facilitadoras, em suma, úteis.*

Já comentamos bastante a necessidade de conhecer tanto a origem como as características de cada disfunção da pessoa para poder abordar a situação de uma forma positiva e produtiva. Isso nos levará a fugir de objetivos rígidos, estabelecidos a partir de fora, de políticas educativas ou de exigências profissionais ou familiares, para nos aproximarmos das **necessidades de cada pessoa em determinado momento concreto.** Como professores ou terapeutas, devemos saber por que intervimos e qual é o objetivo de cada uma de nossas ações. Não devemos cair na improvisação, que não é nada mais que o fruto da falta de compromisso entre os membros de uma equipe diante da ausência de planejamento.

Segundo nossa experiência no contato com de cerca de dois mil meninos e meninas com incapacidade motora, as necessidades que eles apresentam coincidem com o que manifestaram diferentes autores, cujo âmbito de atuação é tão diverso como os Estados Unidos (Bleck-Le Blanc, 1972), países com baixos níveis de desenvolvimento econômico, como Guatemala, México, Paquistão, Sri Lanka e Índia (David Werner, 1990) e países da Europa.

Os **objetivos** surgem das **necessidades,** e estas não são nada mais nada menos que **seus direitos** como pessoas com algumas características específicas. Por ordem de importância, ainda que logicamente simulados, tais direitos poderiam ser:

1. Confiar em si mesmo e aprender a gostar de si.
2. Comunicar-se.
3. Ter a máxima qualidade em cuidados e conseguir a maior autonomia possível em aspectos essenciais e básicos, como a saúde, a alimentação, o asseio, o vestir-se, etc.
4. Deslocar-se (de forma cômoda e autônoma).
5. Brincar, entreter-se, ter acesso à cultura (dependendo da idade e das características).
6. E, se possível, caminhar.

Ocorre com muita freqüência que essa não seja a ordem de importância considerada pelas famílias e por alguns profissionais, sendo a principal preocupação o "andar", empenhando-se nisso muitos esforços e energia, e esquecendo os outros aspectos que equilibram o desenvolvimento de todo ser humano.

Sabe-se bem da importância da experimentação, da manipulação e da verbalização para a aquisição de conhecimento e a garantia de novas aprendizagens. No caso que estamos tratando, as crianças com alterações em seus movimentos, por defeito ou por excesso, se vêem privadas dessas múltiplas experiências. Para suprir, na medida do possível, essa desigualdade, temos de recorrer a uma adaptação e a materiais que garantam o máximo desenvolvimento de suas potencialidade e previnam novas alterações.

Vamos relacionar a seguir cada um dos objetivos expostos com os materiais adaptados, algumas estratégias de ensino adequadas e as atitudes dos profissionais que ajudam a levar a bom termo todo o processo.

OBJETIVO Nº 1: CONFIAR EM SI MESMO E APRENDER A GOSTAR DE SI.

Materiais facilitadores	Estratégias metodológicas	Atitudes dos professores
• O ambiente deve ser adequado para garantir uma alta porcentagem de êxito nas interações (acessibilidade física: poder chegar, alcançar, manipular tudo o que é necessário para ir adquirindo consciência de poder interferir no meio).	• Os professores como facilitadores e mediadores. • Oferecer oportunidades de interagir em ambientes normalizados. • Possibilidade de conhecer e identificar-se com as necessidades e as características de seus iguais (em idade e incapacidade). • Torná-los participantes desde a infância da tomada de decisões adequadas às suas possibilidades. • Proporcionar-lhes ferramentas para o desenvolvimento de habilidades sociais e de autoproteção. • Educá-los em seus direitos.	• Acolhimento, valorização da criança como pessoa, deixando a incapacidade em um segundo plano, fazendo ver que *"o importante é você."* • Atitude de acompanhamento em todo o processo. • Oferecer segurança ao menino ou à menina e proteção em face das hostilidades do meio. • Criar um clima de confiança, no qual possam expressar suas vivências, seus medos, suas expectativas, suas preocupações, etc. • Estar alerta diante de situações de apatia, falta de energia, tristeza ou cansaço. Não devemos atribuir a eles toda a incapacidade, pois pode haver outros fatores.

OBJETIVO Nº 2: COMUNICAR-SE.

Materiais facilitadores	Estratégias metodológicas	Atitudes dos professores
• Painéis para a comunicação aumentativa (objetos, fotos, signos, símbolos pictográficos ou ideográficos – SPC, BLISS, etc.) (Ver fichas 17, 18, 19 e 20.) • Comunicadores com e sem voz. • Adaptações para a escrita (engrossadores para lápis, deslizadores, armações para teclados, apoios de antebraços, etc.). (Ver fichas 37 e 47.) • Adaptações de acesso ao computador (ver item 3.7). • Programas de computador por varredura e emuladores de teclado em tela. • Adaptações para a comunicação telefônica (mãos livres, suportes, fones de ouvido, etc.). • Sistemas de videotelefonia e videoconferência • Acesso à internet.	• Ensino precoce de sistemas aumentativos de comunicação. • Utilização de gestos e signos manuais e corporais por parte dos adultos como reforço às mensagens orais. • Ensino assistido (ajuda física por parte do adulto) para sinalização, manipulação, escrita, mudar de página, etc.) e retirada progressiva da ajuda. • Espera estruturada (consiste em esperar um intervalo de tempo prefixado antes de insistir com o aluno ou ajudá-lo) (Rossel, 1998). • Fomentar situações de interação da criança com seu meio, da forma mais rica e variada possível.	• Aberta, de aprendizagem e de busca das melhores formas de comunicação para nossos alunos, com uma disposição clara para a formação e a reciclagem. • Flexível, avaliando permanentemente os processos e trilhando novos caminhos em busca da eficácia. • Potencializando em todo o ambiente uma atitude de escuta ativa: estando alerta às tentativas comunicativas da criança.

OBJETIVO Nº 3: TER A MÁXIMA QUALIDADE EM CUIDADOS E CONSEGUIR A MAIOR AUTONOMIA POSSÍVEL EM ASPECTOS ESSENCIAIS E BÁSICOS, COMO A SAÚDE, A ALIMENTAÇÃO, O ASSEIO, O VESTIR-SE, ETC.

Materiais facilitadores	Estratégias metodológicas	Atitudes dos professores
• Mobiliário adaptado e assentos adequados para a prevenção de problemas osteoarticulares, de feridas de pressão, etc. (ver Capítulo 4). • Suportes técnicos para mudanças posturais (cunhas, estabilizadores, colchonetes, etc.). • Medicações corretas. • Talheres adaptados, copos especiais, aros para pratos, plástico antideslizante. • Adaptações para vasos sanitários: redutores e estabilizadores de tronco. Suportes para a banheira, ducha, barras estabilizadoras, válvulas monocomando, sinais de aviso, etc. (ver Capítulo 4). • Roupas cômodas, com elásticos, velcro, prendedores, cordões que não exigem amarração (*Ver Discapacidad Motórica*. Gallardo e Salvador, 1994).	• Incluir essa área no currículo escolar (programação, plano individual, adaptação curricular, etc.) como ESSENCIAL na vida escolar de uma criança com incapacidade motora, ao mesmo tempo que perfeitamente coordenada com os âmbitos de saúde, familiares e sociais. • Ensinar a criança a conhecer os indicadores de seu estado de saúde (vômitos ou dores de cabeça por mau funcionamento de válvulas cerebrais, falta de ventilação pulmonar, estágios prévios de uma convulsão, etc.) e estratégias para prevenir e avisar. • Concretizar com a criança os métodos, os truques e as habilidades a alcançar em cada aspecto. • Empregar a modelagem, conhecer técnicas de inibição de reflexos em caso de problemas neurológicos. • Elaborar bons programas de controle de esfíncteres, de autonomia na alimentação, etc.	• Toda a equipe educativa/habilitadora deve ter consciência da grande importância que têm essas áreas no desenvolvimento do ser humano, e de como é decisivo para tais crianças a conquista de novas aprendizagens. • Não é uma tarefa exclusiva dos educadores ou auxiliares, mas de todo profissional que interage com cada criança. • Flexibilidade na organização de horários de saídas para o banheiro. • Comunicação permanente com a família ou o meio em que reside a criança. • De interesse em face dos cuidados assistenciais que cada aluno requer.

OBJETIVO Nº 4: DESLOCAR-SE (DE FORMA CÔMODA E AUTÔNOMA).

Materiais facilitadores	Estratégias metodológicas	Atitudes dos professores
• Chão limpo e quente. • Reptadores (ver ficha 1). • Andadores (ver ficha 4). • Carros elétricos (ver ficha 2). • Triciclos e bicicletas adaptadas (ver ficha 3). • Bengalas, tripodes, ... • Barras, apoio de mãos, agarradores... • Cadeiras de rodas autopropulsionadas (bimanuais, para hemiplegias...). • Cadeiras de rodas de acionamento eletrônico. • Veículos adaptados.	• Em crianças pequenas, para motivar o deslocamento autônomo, ajudaram-nos muito, em algumas ocasiões, jogos com sensores que escapam quando se dirigem a eles, de forma que as incentivam a segui-los. • Os animais de companhia também facilitam o jogo e o deslocamento. • Estimular a explorar o meio de forma autônoma, embora inicialmente controlada pelos adultos. • Encarregar de pequenas tarefas que impliquem responsabilidade, necessitem deslocamentos e fomentem a autonomia (distribuir avisos na escola, ir ao quiosque comprar algo, acender a luz, etc.), dependendo da idade, das possibilidades e dos perigos do ambiente. • Fugir da equivalência "deslocar-se = andar". Qualquer forma é válida, desde que não seja contraproducente e facilite a interação.	• Manter o equilíbrio permanente entre as exigências para a consecução de novas habilidades motoras e o fomento da autonomia no deslocamento de uma forma cômoda, sem esforços excessivos, que, às vezes, levam as crianças a manter uma atitude passiva.

OBJETIVO Nº 5: BRINCAR, ENTRETER-SE, TER ACESSO À EDUCAÇÃO E À CULTURA (DEPENDENDO DA IDADE E DAS CARACTERÍSTICAS).

Materiais facilitadores	Estratégias metodológicas	Atitudes dos professores
• Brinquedos que estimulem a atenção, a memória, o movimento (ver ficha 16).	• Tanto para começar uma avaliação como para o processo de aprendizagem com a criança, convém propor uma tarefa na qual o êxito esteja garantido (se manipula pouco, primeiro lhe proporemos que use a mão que maneja melhor e depois a outra). Isso lhe dará segurança e confiança para continuar.	• Flexibilidade em face de todo o processo educativo (é preciso utilizar tanto estratégias quanto materiais como formas de avaliação e espaços não-convencionais).
• Brinquedos adaptados com botões (ver ficha 43).		
• Adaptações para a manipulação (pulseiras lastreadas, talas, buris, etc.).	• É muito importante reconhecer o esforço que realiza nas tentativas daquilo que lhe solicitamos, tanto para ela como para as demais crianças que a rodeiam. É um bom hábito agradecer-lhe por seu empenho.	• Imaginação e criatividade para dar respostas originais a situações complexas.
• Jogos de mesa fixados com velcro, cones... (ver fichas 42 e 44).		• Compreensão diante da família e de todas as vertentes de um caso de incapacidade motora.
• Materiais didáticos de tamanho adequado à preensão, magnéticos, plastificados, fixados com velcro, ventosas, elásticos (ver exemplos no capítulo 4).	• É preciso manter um equilíbrio entre a ajuda e a retirada de assistência nos momentos-chave para assegurar habilidades e proporcionar mais autonomia.	• Ser paciente; é preciso dar o tempo necessário, sem pressões excessivas.
	• É preciso dar um salto qualitativo na educação e no tratamento, não incidindo tanto nos sintomas anômalos, mas dispor de meios para fomentar suas habilidades.	• Manter uma atitude de observação permanente.
• Suporte informático para ter acesso às tarefas escolares e aos livros-texto.		• A ordem é uma característica necessária, tanto espacial como de desenvolvimento de idéias e de método de trabalho.
• Atris para a verticalização dos materiais.	• Nas crianças com atetose ou distonias (movimentos incontrolados); temos de oferecer-lhes um ambiente sem riscos demasiados de atirar coisas, sem perigo de machucar-se, já que a frustração que implica é muito alta.	
• Sinalizadores, ponteiros ou licornes (ver ficha 49).	• Os reforços sociais positivos asseguram a aprendizagem e aumentam a confiança em si mesmo.	• É necessário ser constante para manter um ritmo de rotinas que ajudam as crianças a antecipar situações e a estruturar temporalmente seu mundo.

OBJETIVO Nº 5: BRINCAR, ENTRETER-SE, TER ACESSO À EDUCAÇÃO E À CULTURA (DEPENDENDO DA IDADE E DAS CARACTERÍSTICAS) (cont.)

Materiais facilitadores	Estratégias metodológicas	Atitudes dos professores
• Plásticos antideslizantes. • Lápis, rotuladores grossos ou com adaptações (ver ficha 37). • Sistemas de carimbo para letras, desenhos... • Materiais complementares para tarefas escolares adequados e adaptados (borrachas, apontadores, grampeadores, tesouras, etc.). (Ver fichas 30, 31, 32 e 33) • Passadores de páginas ou adaptações caseiras (ver ficha 39). • Adequação de livros em manipulação, tamanho de letras, contraste de cores, etc.	• Utilizar nas interações e nas explicações às crianças apoios gestuais. É necessário que exista uma estimulação tanto visual como oral, que as situações de aprendizagem não pareçam um interrogatório. É preciso oferecer opções para que as crianças possam escolher. • Combinar tarefas mais árduas com situações de diversão e distensão, já que motivam muito mais para a aprendizagem. • Controlar os períodos de rendimento para as diferentes tarefas, levando em conta que precisam de mais descanso. • É preciso proporcionar à criança situações em que esteja sozinha, para que ela busque novas formas de resolver problemas (é fantástico poder observá-la sem que ela nos veja). • Assegurar-se de que a criança consiga tudo o que pode em cada área. • Fomentar as saídas culturais para todo o grupo e individualmente. • Respeitar o ritmo de execução, não antecipando mudanças de tarefas antes de dar-lhe o tempo necessário.	• Expressividade corporal e lingüística, sobretudo com crianças com graves afecções, tanto sensoriais como cognitivas. • Ter confiança nas potencialidades de cada criança e não determinar previamente o limite de suas capacidades. • Ser prático: buscar as melhores soluções no menor tempo possível. • Atitude de proteção e confiança sem cair no protecionismo. • Ser ativo na busca ou demanda de recursos de que os alunos necessitem. • Criar aberturas de colaboração com outras entidades, escolas ou organismos para a confecção de materiais adaptados, ou assistência a atividades de ócio. • Atitude investigadora, aberta à experimentação de novos métodos, materiais ou sugestões externas. • Finalmente, é preciso divertir-se, porque, se um professor ou terapeuta se aborrece, é porque algo precisa mudar.

OBJETIVO Nº 6: E, SE POSSÍVEL, CAMINHAR

Materiais facilitadores	Estratégias metodológicas	Atitudes dos professores
• Barras paralelas. • Andadores. • Muletas. • Bengalas. • Talas. • Aparelhos curtos e altos de marcha.	A estratégia mais adequada é o trabalho conjunto com o pessoal de reabilitação, que nos orientará sobre o que temos de fazer em cada momento evolutivo da criança, em função do tipo de lesão que apresente e das perspectivas nesse aspecto. Ainda assim há uma série de generalidades que podemos apontar: • Evitar as contraturas. • Melhorar o equilíbrio. • Dar-lhe suporte de apoio e segurança. • Estimular para que chegue a lugares desejados. • Permitir-lhe experimentar. • Fortalecer seus membros superiores para um possível uso de muletas. • Incorporação de paralelas ou o material necessário à aula ordinária (para ir ao quadro, por exemplo).	• Ser paciente, dando-lhe o tempo de que necessitar para o deslocamento. • Animá-la pelos esforços. • Criar na classe um clima de normalidade e apoio entre os colegas.

Habilitemos o Ambiente. Adaptações Básicas

4

As capacidades se desenvolvem, as ações se repetem e a vida das pessoas com incapacidade motora é facilitada quando o ambiente reúne as condições necessárias adaptadas a cada um. A incapacidade para realizar uma determinada função converte-se em capacidade com o auxílio de um aparelho, de uma ferramenta ou do suporte técnico adequado.

Nos últimos anos, houve, na Espanha, um grande avanço em tecnologia de reabilitação e adaptação. Potencializaram-se tanto o desenho e a fabricação como a importação e a divulgação de suportes técnicos.

Em inúmeras ocasiões, porém, é possível, com simples adaptações de objetos cotidianos, resolver alguns inconvenientes e habilitar o ambiente que, dessa maneira, torna-se mais acolhedor.

Nome: **PATINETE**	
Área: Adaptações para a mobilidade	Ficha nº 1

Descrição:
- Como outras adaptações que nos propomos diariamente, esse patinete foi idealizado, desenhado e fabricado para um garoto específico.
- Suas possibilidades de mobilidade eram muito reduzidas e, do ponto de vista lúdico, nulas. Por isso, uma adaptação desse tipo poderia favorecer seus momentos de recreação na escola e em casa.
- Consiste principalmente em um grande patinete com diversos complementos, como os acolchoados para separar as pernas e para a região peitoral.
- As rodas dianteiras são giratórias, e o impulso é dado com um braço.

Indicações:
- Do nosso ponto de vista, esses tipos de suportes simples e ao mesmo tempo favorecedores da mobilidade são adaptações muito importantes, sobretudo em idades precoces.
- É um suporte para a brincadeira, para o ócio e para o entretenimento que faz muita falta em muitos casos e, sobretudo, para vivenciar novas experiências.

Sugestões práticas:
- Quando se considera uma adaptação desse tipo, é preciso assegurar que as medidas e a forma do patinete facilitem a propulsão.

Nome: **CARRO ELÉTRICO**	
Área: Adaptações para a mobilidade	Ficha nº 2

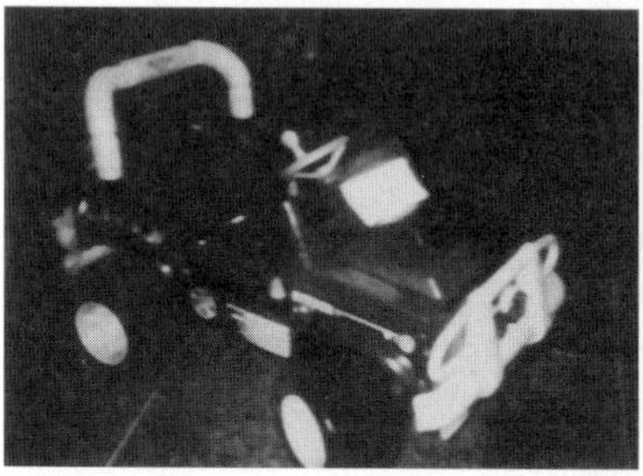

Descrição:
Trata-se de adaptar um veículo (carro, trator, moto...) de brinquedo, que funciona com baterias recarregáveis em corrente elétrica, para proporcionar a crianças menores um meio de deslocamento autônomo, não-artificial e, ao mesmo tempo, um material de brincadeira e de integração social em parques e pátios de recreio.

Adaptações realizadas:
- Substituição do pedal de aceleração por um botão manual colocado no volante (será preciso avaliar a localização exata em cada caso).
- Fixação de uma empunhadura de madeira no volante para guiar o veículo.
- Prolongou-se a alavanca de câmbio de direção (para frente/para trás) mediante um guidom de bicicleta ou de cadeira de rodas.
- O assento pode ser substituído por um colete-sela (molde para o assentamento fabricado expressamente para cada usuário), quando não for suficientemente seguro e adequado.
- O assento terá cintos ou peitorais de segurança.

Indicações:
- Para todos os meninos e as meninas com um controle deficiente nas pernas para acionar triciclos ou veículos a pedal (paralisia cerebral, amputações, artrogripose, acondroplasia, osteogênese imperfeita...).
- Motivador para fomentar os deslocamentos autônomos seguros, para controlar o espaço, para brincar, relacionar-se e... divertir-se!

Sugestões práticas:
- O botão pode ser acionado com a cabeça, o joelho, o cotovelo ou qualquer outra parte do corpo que seja funcional, desde que provida de um suporte fixo e seguro.

Nome: **TRICICLO ADAPTADO**	
Área: Adaptações para a mobilidade	Ficha nº 3

Descrição:

Esta adaptação foi desenhada para uma aluna específica, e sua experiência serviu-nos para generalizá-la a outras situações. Os problemas de crescimento, muito peso, assim como suas deformidades esqueléticas (nos quadris e joelhos) impossibilitavam-lhe a marcha autônoma.

Consiste no acoplamento de um acento a um triciclo-padrão (o que reduz bastante seu custo): colete-sela feito sob medida para controlar sua pélvis e suas costas.

Como a propulsão seria realizada diretamente pelos pés, sem articulação de joelhos, optou-se por eliminar os pedais do triciclo, para não interferirem no mecanismo.

Indicações:

• Possibilita o deslocamento autônomo por interiores e o acesso às diferentes turmas, aos recreios...

• Fomenta o treinamento nas transferências da carteira escolar ao triciclo e vice-versa (generalizável a outras situações).

É um grande suporte para a mobilidade, muito bem-aceita pelos usuários, por seus educadores e pelos demais colegas.

Sugestões:

• Convém informar exaustivamente os familiares sobre as possibilidades que oferecem essas simples adaptações para as crianças; na maioria das vezes, isso implica que disponha de uma similar para casa.

• Se o triciclo dispõe de uma barra transversal traseira, evitam-se posturas inadequadas do adulto e facilitam-se os deslocamentos do usuário em situações de maior urgência, ou em pisos menos deslizantes.

Escolher o modelo de triciclo-padrão (cor, estrutura) em função dos gostos e das necessidades da criança garante a aceitação por parte dela.

INCAPACIDADE MOTORA **63**

Nome: **ACESSÓRIOS PARA MOBILIDADE**
Área: Adaptações para a mobilidade   Ficha nº 4

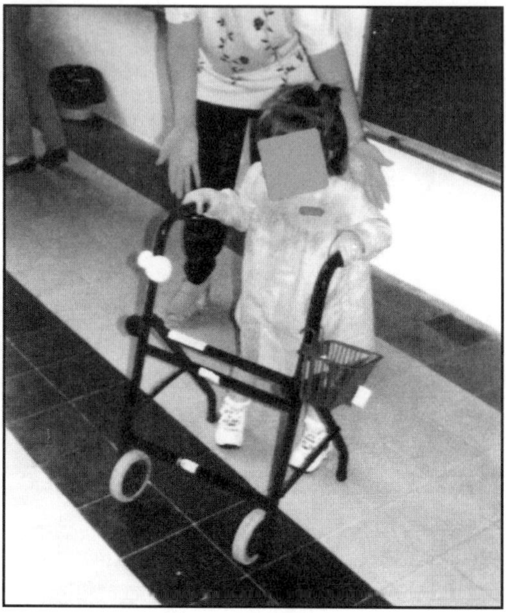

Descrição:

Na realidade, não se trata de uma adaptação, mas de um acoplamento de determinados recursos ao suporte técnico que a criança utiliza para deslocar-se.

Chamamos a atenção para a conveniência de colocar acessórios no andador, empurrador, etc., que a criança utiliza: cestas, buzinas, guidons, que lhe permitam transportar objetos (seja na saída para o recreio para a distribuição de materiais na classe), já que suas mãos vão apoiadas no suporte técnico para o deslocamento.

Indicações:
* Útil em todos os casos nos quais se utiliza esse tipo de ortose (não apenas no âmbito educativo).
* Acessórios divertidos que motivam as crianças a apoiar-se apenas em uma mão enquanto acionam a campainha (buzina) ou recolhem os objetos da cesta.
* Pode-se trabalhar indiretamente a estabilidade e o equilíbrio, ao mesmo tempo que se potencializa a coordenação visuomotora e a funcionalidade dos membros superiores.

Sugestões:
* Convém ajustar devidamente ao andador (ou a qualquer outra ortose) esses acessórios.
* Deve-se alternar a colocação destes entre um e outro apoio manual, no centro da barra frontal, em função das características da criança; isto é, seu grau de controle e suas possibilidades de apoiar-se em uma só mão.

Nome: **ADAPTAÇÃO DE MESAS**	
Área: Adaptações de mobiliário	Ficha nº 5

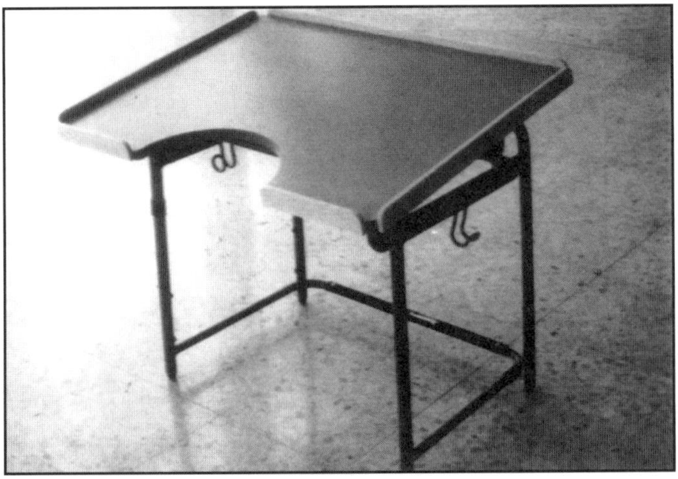

Descrição:

Sobre uma estrutura de carteira escolar padrão, na maioria dos casos, substituímos o tampo original por outro adaptado, com as seguintes características:

No tampo, segundo a necessidade de estabilizar o tronco, e dependendo de se usar uma ortose, realizaremos em sua face anterior um talho (arco) semicircular, ou com outra forma, se for necessário. Costuma ser de uns 25 cm de diâmetro, para alunos menores, até 35 ou 40 cm para alunos maiores.

Para favorecer a manipulação e evitar que os instrumentos caiam, colocamos, ao longo de todo o contorno, uma alça ou uma borda que sobressaia alguns centímetros, com 2 ou 3 cm; em alguns casos pode ser superior, ou inclusive desnecessário.

Se todo o tampo é inclinável, poderemos regular a inclinação para melhorar a postura e, portanto, a leitura e a escrita. Em outros casos, utilizaremos atris metálicos ou de leitura sobre a mesa para tais tarefas.

Além disso, às vezes o tampo conta com alguns orifícios, o que nos permite colocar acessórios para o controle dos braços (pivôs, agarradeiras ou talas posturais), como também para fixar suportes para a comunicação (painéis de comunicação, quadros transparentes para sinalização visual, suportes para comunicadores ou botões, arcos de estimulação, brinquedos, etc.).

Em geral, a estrutura deve ser acessível e ampla para possíveis usuários de cadeiras de rodas.

É importante conseguir a mesma altura de trabalho do restante do grupo e, por isso, procuraremos que a mesa adaptada conte com um sistema de regulagem.

Nome: **ADAPTAÇÃO DE MESAS**	
Área: Adaptações de mobiliário	Ficha nº 5 (cont.)

Indicações:

Por tudo isso, os principais objetivos para a adaptação de uma mesa serão:
- Proporcionar comodidade e conforto.
- Favorecer a estabilidade do tronco, com uma postura correta
- Facilitar o uso e a manipulação dos materiais escolares.
- Potencializar a comunicação com a possibilidade de fixar suportes e dispositivos.
- Colaborar com a melhoria da auto-estima dos alunos.

Sugestões práticas:
- Uma das opções que normalmente usamos com muitos de nossos alunos, sobretudo em idades precoces e na educação infantil, é o "talho ampliado": trata-se de uma adaptação que substitui a carteira individual, por meio de um pequeno tampo com o talho e as bordas (50x30 cm), que fixamos à mesa grupal. Isso permite estabilizar a postura da criança e, ao mesmo tempo, mantê-la na mesa coletiva para as tarefas escolares.
- A definição de "mesa escolar" deve ser flexível. Quando de trata de adaptação de mobiliário, devemos fugir de padrões, isto é, as formas, as cores, as alturas, as dimensões do tampo, as inclinações, etc., devem ser analisadas individualmente e segundo a atividade principal que se vá realizar.
- As dimensões dos tampos que costumamos usar oscilam entre 80x60 cm e 90x70 cm, com espessura de 2 cm; com essas medidas, asseguramos as possibilidades de alcance dos materiais e o espaço suficiente para algum suporte técnico sobre a mesa.
- A estrutura das carteiras, para ser acessível, deve ter mais de 65 cm; algumas de ensino médio têm 62 cm de amplitude e podem servir em alguns casos, embora obriguem a manobrar em excesso.

| Nome: **TAMPO-MESA PARA CADEIRAS DE CONDUÇÃO ELÉTRICA** |
| **Área**: Adaptações de mobiliário   Ficha nº 6 |

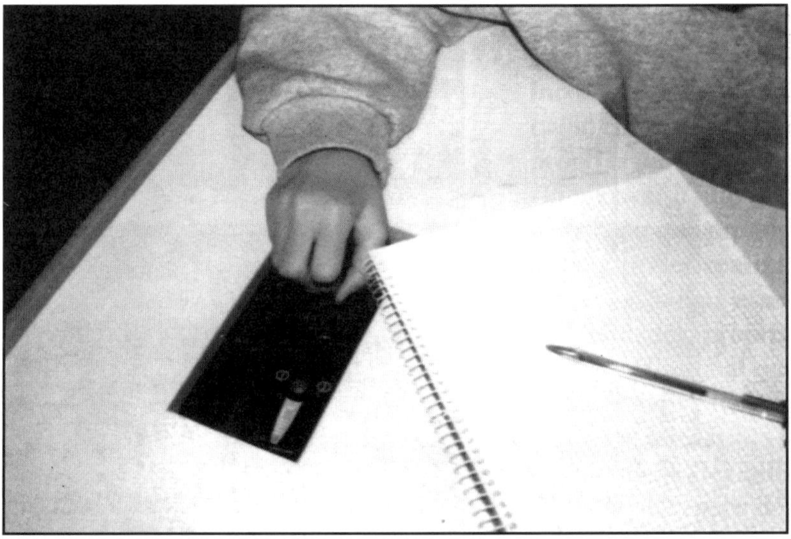

Descrição:
　　Consiste em um tampo com talho e bordas laterais, cujas dimensões variam em função das atividades e da amplitude de movimentos dos membros superiores e segundo os acessórios dos quais se tenha de dispor (atril, etc).

　　A peculiaridade do tampo não é outra senão a possibilidade de deixar livre, a descoberto, a área da mesa que corresponderá ao comando elétrico que aciona a cadeira na qual este se encaixaria.

　　Um simples sistema de buchas giratórias permite o encadeamento direto do tampo ao apoio de braços da cadeira.

Indicações:
- Muito adequado nos casos em que não é indicado que o aluno abandone sua cadeira de rodas. Isso costuma ocorrer sempre que se dispõe de cadeiras de condução elétrica, já que estas possibilitam a mobilidade e o deslocamento autônomo.
- Os usuários desse tipo de mesa costumam ser alunos com doenças neuromusculares; por suas possibilidades motoras em nível de membros superiores (articulação de ombro/cotovelo/pulso) requerem tampos com dimensões reduzidas, o que favorece a utilização desse recurso, já que se minimiza consideravelmente seu peso e facilita seu encadeamento com o apoio para os braços.

Nome: **TAMPO-MESA PARA CADEIRAS DE CONDUÇÃO ELÉTRICA**
Área: Adaptações de mobiliário   Ficha nº 6 (cont.)

Sugestões:

- Os usuários desse modelo de mesa podem deslocar-se com o tampo incorporado à sua cadeira; isso lhes permite realizar atividades que precisariam de um apoio, por exemplo, no recreio e em outras situações escolares: anotações, jogos de mesa, etc.
- Eliminam-se as atividades de acoplamento da cadeira, que costumam ser condicionadas pela largura desta, em correlação com a distância entre as pernas das mesas-padrão; e pela altura que supõe o comando para obter uma aproximação adequada da área de trabalho.
- Uma variedade que costuma ser utilizada, sobretudo quando os tampos, por exigência das necessidades dos alunos, têm de ser amplos (isto é: maior peso), é dispô-los sobre uma base (pernas) com uma estrutura que possibilite o acesso e o acoplamento completo da cadeira de rodas, deixando livre a possibilidade de acioná-la.
- No momento de adquirir a cadeira eletrônica, pode-se solicitar a opção de comando reclinável, o que nos permite utilizar qualquer mesa.

Nome: **MESA COLETIVA**	
Área: Adaptações de mobiliário	Ficha nº 7

Descrição:

Mesa grupal para alunos com incapacidade motora, situada na sala de aula específica, de fabricação artesanal e com acessórios escolares.

O fato de ser coletiva incorpora vários requisitos iniciais: poder regular-se a altura e definir os lugares com diversidade de opções para as tarefas educativas.

Os quatro lugares devem ser distintos entre si e, ao mesmo tempo, genéricos, para serem utilizados por diferentes usuários, segundo suas características e necessidades.

Em torno de toda a mesa sobressai uma borda de madeira, de uns 3 cm, para um melhor controle dos materiais, salvo nas zonas de acesso.

Com relação ao controle postural, a mesa consta de dois recortes para cada lugar, um com um arco de meio ponto de 150 mm de raio, para estabilizar o tronco do usuário, e outro com arco de escarção de 400 mm de luz, que facilite o acesso a um suposto usuário que utilize posicionador; os outros dois postos são longitudinais à mesa, mas com rebaixamentos na borda.

Nome: **MESA COLETIVA**	
Área: Adaptações de mobiliário	Ficha nº 7 (cont.)

Consta dos seguintes acessórios fixos na mesa:

a. Vasilha de cor vermelha, forrada com bolinhas para estimulação multissensorial.

b. Tampo para a vasilha, que pode ser utilizado para algum jogo de discriminação visual, para mobilização por giro, etc...

c. Painel de tecido desmontável, para ser usado em jogos adaptados com velcro.

d. Arco desmontável para pendurar diferentes instrumentos para a estimulação visual, manipulação, comunicação, etc.

e. Atril férrico e de leitura, para uso de materiais com ímã, como também para leitura ou suporte de tabuleiro de comunicação.

Indicações:

• A mesa coletiva para educação especial surge como resposta às necessidades, em relação ao mobiliário, de um grupo de alunos com grave incapacidade, às suas peculiaridades e às da escola.

• Favorece a inter-relação entre os alunos.

Sugestões práticas:

• Por ser uma mesa grupal, e não se conhecer inicialmente os possíveis usuários, embora se conheçam as características gerais, os postos escolares que se determinam devem ser polivalentes, com diferentes recortes e adaptações.

• A altura deve ser padrão, entre 70 e 75 cm, de modo que facilite o acesso a usuários de cadeiras de rodas e em carteiras escolares e assentos convencionais.

• É importante assegurar que não existam arestas com pontas ou bordas nas adaptações que possam provocar arranhões ou acidentes leves.

| Nome: **ADAPTAÇÃO DE CADEIRAS ESCOLARES** |
| Área: Adaptações de mobiliário   Ficha nº 8 |

Descrição:

Para a adaptação das cadeiras escolares, devemos considerar vários pontos:
- A partir de qual nível de controle postural partimos.
- O que nos proporciona a cadeira de rodas do aluno e o que podemos melhorar.
- Uso de algum tipo de ortose para tronco ou para membros inferiores.
- Qual a opinião do médico reabilitador ou do fisioterapeuta que trata da criança, dos professores e do educador, e também o que sugerem e que expectativas têm a família e o próprio usuário.

Em geral, para a adaptação da cadeira escolar, devemos reunir as seguintes características:
1. Poder regular a altura e adequar à de trabalho do grupo, solucionaremos com um apoio de pé a diferença dos pés até o chão.
2. Regular a profundidade do assento com duas adaptações simples: recortando o tampo ou, mais fácil ainda, partindo de um assento maior e colocando um espaldar acolchoado tão profundo quanto necessitarmos. O objetivo final será manter as costas suficientemente apoiadas.
3. Poder inclinar o assento para favorecer uma melhor posição e evitar que o aluno deslize para a frente.
4. Colocar uma barra separadora, conforme a necessidade, para favorecer a separação das pernas, mas evitando que se converta em um limite para não resvalar, o que causa incômodo e dor.
5. Fixar limites laterais que melhorem a estabilidade.
6. Poder fixar à cadeira as possíveis ortoses de tronco que o aluno utilize.

Nome: **ADAPTAÇÃO DE CADEIRAS ESCOLARES**
Área: Adaptações de mobiliário   Ficha nº 8 (cont.)

Indicações:

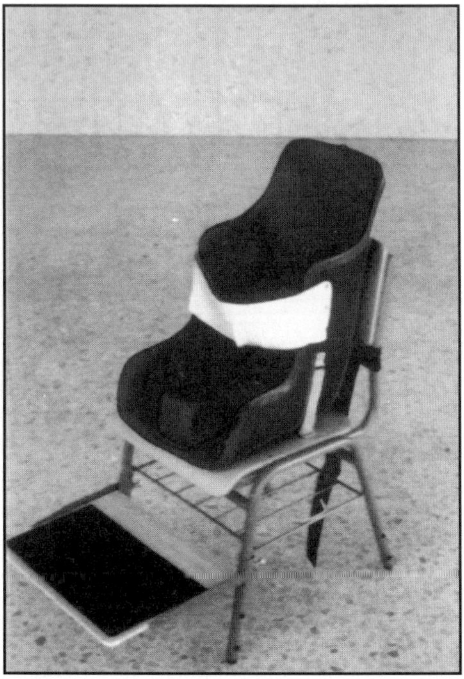

As adaptações à cadeira escolar devem ser tão diferentes como são as necessidades posturais dos alunos. Como norma, propomo-nos solicitar inicialmente o assessoramento dos profissionais do campo da reabilitação que tratam da criança.

São vários os objetivos de adaptação:

1. Proporcionar a comodidade e o conforto necessários.
2. Favorecer o equilíbrio postural, a estabilidade de estar sentado e, portanto, a segurança dos alunos.
3. Evitar posturas incorretas, que provoquem deformidades.
4. Potencializar as possibilidades funcionais requeridas na escola.

Sugestões práticas:

Procurar, na medida do possível, adaptações simples, cômodas, seguras e estéticas. Utilizar como base o mobiliário escolar padrão, procurando assegurar os processos de transferência da cadeira de rodas e vice-versa.

Nome: **FABRICAÇÃO DE APOIO PARA OS PÉS**	
Área: Adaptações de mobiliário	Ficha nº 9

Descrição:
- Apresentamos dois modelos básicos de apoio para os pés, o normal, com a altura determinada previamente, e o telescópico, nas pernas da cadeira, que chamamos de modelo Cádiz (projetado inicialmente por colegas dessa região).
- O modelo normal é um tampo com medidas mínimas de 40x30 cm, com buracos de 3 cm de diâmetro para encaixar as pernas dianteiras da cadeira.
- O modelo Cádiz consta de dois perfis angulares de 2,5x2,5 cm e de cerca de 25 cm de largura, que têm em um de seus extremos uma parte de cerca de 5 cm de tubo cilíndrico de 2,5 ou 3 cm de diâmetro. Estes são fixados às pernas dianteiras da cadeira. O tampo é determinado pela largura desta.
- Colocaremos na área de apoio uma borracha antideslizante e, se necessário, algum limite que favoreça a colocação dos pés.

Indicações:
Em geral, um apoio desse tipo deve assegurar:
1. Bom apoio para os pés, com a altura necessária.
2. Superfície de contato suficiente.
3. Ser estável e poder ser fixado à cadeira.
4. Acessórios que melhorem o controle e a estabilidade:
- Superfície antideslizante.
- Limites laterais.
- Limites traseiros.
- Limites dianteiros.
- Cintas de apoio.

Sugestões práticas:
O modelo Cádiz não é recomendável para usuários que possam ter acesso autonomamente à cadeira ou que caminhem, já que as possibilidades de fazer degrau e interferir em todo o conjunto aumentam.

Nome: **MOBILIÁRIO ESCOLAR ESPECÍFICO**	
Área: Adaptações de mobiliário	Ficha nº 10

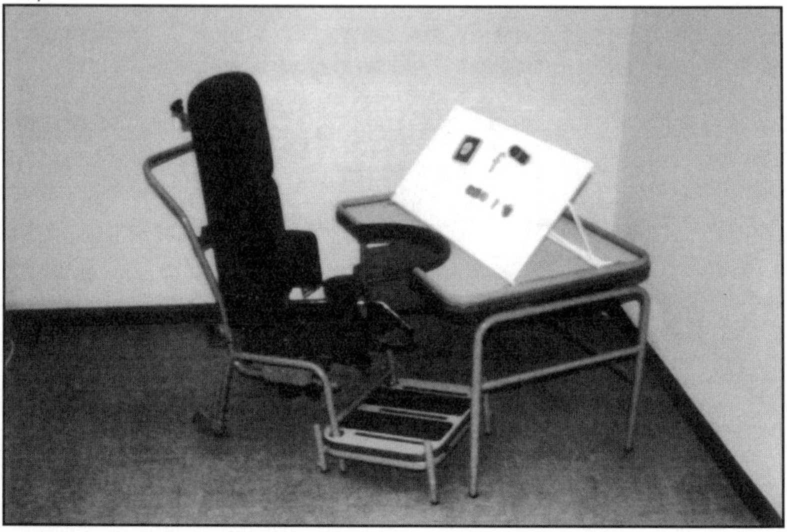

Descrição:

O conjunto de mobiliário para alunos com incapacidade motora é um lote composto inicialmente por MESA, CADEIRA, APOIO PARA OS PÉS E ATRIL FÉRRICO. Ele foi desenvolvido após avaliar e considerar as diferentes e as mais habituais adaptações que vêm sendo realizadas nos últimos anos pelas equipes de assessoramento para as incapacidades motoras das delegações de Málaga, Sevilha e Cádiz.

É um mobiliário específico padronizado e versátil, disponível em dois tamanhos: A01S (pequeno) e A05S (grande).

Com o forro, pretende-se que o conjunto proporcione calor e conforto e seja transpirável e lavável.

Todos os elementos cumprem os requisitos de durabilidade, segurança e especificidades do mobiliário escolar comum. Com os acabamentos e a estética global pretende-se conservar o maior nível de similitude.

Mesa:

- A mesa conta com um dispositivo de regulagem de altura na parte inferior de suas quatro pernas.
- O tampo em sua posição central dispõe de um recorte semicircular, de medidas distintas conforme o modelo, devidamente forrado.
- Conta com um mecanismo de regulagem de inclinação do tampo, podendo alcançar até 25º em relação à posição horizontal.
- A mesa tem uma borda exterior para controlar melhor os materiais escolares.

Nome: **MOBILIÁRIO ESCOLAR ESPECÍFICO**	
Área: Adaptações de mobiliário	Ficha nº 10 (cont.)

- O tampo apresenta duas fileiras de perfurações perpendiculares com várias indicações: para o limite das atividades de leitura, para uso do material com ímã no atril férrico, para a colocação de dispositivos facilitadores da comunicação (painéis de comunicação, quadros transparentes para sinalização visual, suportes para comunicadores ou botões, arcos de estimulação), para fixar dispositivos e suportes que favoreçam o controle dos membros superiores (pivôs, agarradeiras, talas, etc.).
- Limite horizontal para a leitura.
- A estrutura, por seu desenho e suas medidas, é acessível para a maioria das cadeiras de rodas.
- Na lateral esquerda, a estrutura da mesa contém uma cesta para a colocação de alguns materiais dos alunos.

Cadeira:
- A cadeira conta com um dispositivo de regulagem de altura na parte inferior de suas quatro pernas.
- Pode-se regular a profundidade do assento, assim como a inclinação, para cima ou para baixo.
- Como acessório, conta com uma barra separadora para as pernas, regulável em profundidade.
- O espaldar da cadeira consiste em duas partes importantes, o espaldar principal e o suplemento para apoiar a cabeça. Pode ser inclinado em relação à vertical. Dispõe, tanto na parte inferior como na zona superior do apoio para a cabeça, de quatro dispositivos para poder fixar limites laterais para controlar os quadris (área inferior) e a cabeça (área superior).
- Conta com duas pequenas rodas em suas pernas traseiras para facilitar a mobilidade.

Apoio para os pés:
- Assim como as peças anteriores, conta com um dispositivo de regulagem de altura.
- A superfície do tampo é antideslizante.
- Possui ranhuras perpendiculares, de ambos os lados e no centro, para poder colocar limites ou cintos.
- Conta com orifícios para encaixar as pernas traseiras da cadeira.

Indicações:
Por seu projeto, fabricação e distribuição, esse mobiliário é indicado especificamente para alunos com alguma incapacidade motora.

Graças à sua versatilidade e a todos os seus dispositivos, melhorou as condições de acesso à educação para muitas crianças da Andaluzia.

Sugestões práticas:
Esse mobiliário é distribuído nas escolas públicas da Comunidade Autônoma da Andaluzia.

O Serviço de Equipamento Escolar do Conselho de Educação e Ciência da Junta da Andaluzia é o responsável pela distribuição.

INCAPACIDADE MOTORA **75**

Nome: **CUNHA EM FORMA DE "U"**	
Área: Adaptações de mobiliário	Ficha nº 11

Descrição:

Embora definida inicialmente para o controle postural de jovens gravemente incapacitados, desenvolvemos um projeto para seu uso em educação infantil, na qual o trabalho e as atividades no chão são muito freqüentes.

A cunha em "U" tem forma de prisma trapezoidal, com rebaixamento semicircular de 250 mm, de espuma de alta densidade e forrada com tecido colorido.

Indicações:

É apenas uma adaptação que inspira a proposta de colaborar com a estabilidade e o equilíbrio. Sua forma em "U" favorece a posição sentada, proporcionando a segurança necessária para muitas crianças em idades precoces na educação infantil, na qual a atividade no chão é muito habitual.

Nas devidas medidas, está sendo usada por alunos de mais idade, sendo muito versáteis as possibilidades posturais que oferece.

Sugestões práticas:

- O material que utilizamos é espuma de alta densidade, que é a que menos se deforma e melhor cumpre sua função.
- Podemos acrescentar-lhe ou ampliar-lhe o espaldar ou, se necessitarmos, aumentar a altura nas laterais.
- Na parte inferior, pode-se colocar algum antideslizante, embora nós o apoiemos diretamente na parede, impedindo o deslocamento.
- Na parte dianteira, pode-se fixar algum cinto ou velcro que proporcione segurança.
- Em outras ocasiões, fabricando-a em forma triangular, pode-se apoiar no canto do quarto ou da sala, assemelhando-se a outros modelos de assento cantoneira.

Nome: **ADAPTAÇÃO PARA BANHEIRA**	
Área: Adaptações para o asseio	Ficha nº 12

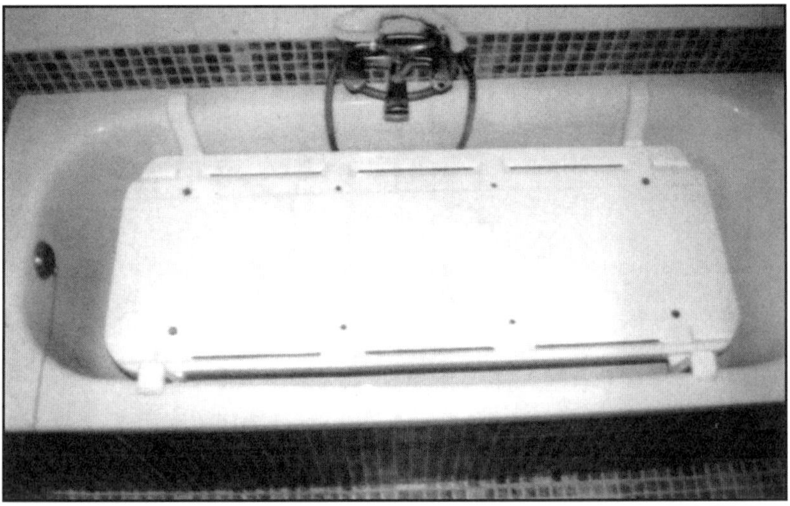

Descrição:
- A adaptação é fabricada em fibra de vidro, em forma de plataforma sobre as bordas da banheira, cobrindo quase a totalidade desta, e pode ser fabricada normalmente conforme as dimensões.
- Conta com uma estrutura inferior de apoio extensível, em aço inoxidável e limites antideslizantes, o que facilita o uso em qualquer tipo de banheira.
- Pretende facilitar as tarefas próprias de asseio/ducha: despir-se, banho, secagem e vestir-se nessa mesma superfície.
- Favorece a estabilidade da postura aproveitando as laterais da banheira.
- Conta com ranhuras em ambos os lados para agilizar a circulação da água. Esse suporte técnico é uma variante de uma adaptação anterior proposta por familiares, em Málaga: uma malha tecida com tiras de náilon (como os cintos de segurança dos carros) e estrutura fixa em aço inoxidável. O resultado era similar.

Indicações:
- Pretende dar resposta aos auxiliares que realizam o asseio de pessoas com grave incapacidade, favorecendo que a flexão das costas e a inclinação na banheira não sejam excessivas, e, portanto, reduzindo o esforço.
- Ao mesmo tempo, proporciona estabilidade e controle para realizar a tarefa do banho comodamente para a pessoa gravemente afetada.

Sugestões práticas:
- Pode ser complementada com a colocação de um colchão inflável de praia, com baixa pressão, que de algum modo amortecerá os possíveis golpes de movimentos incontrolados.

Nome: **MACA COM ADAPTAÇÃO PARA BANHEIRA**
Área: Adaptações para o asseio   Ficha nº 13

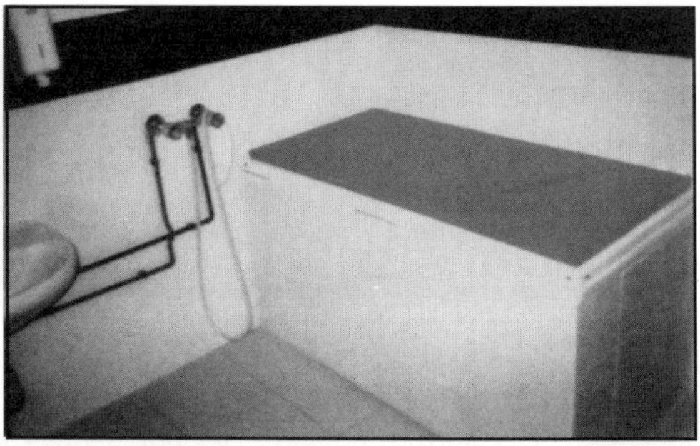

Descrição:
- Utilizamos como base uma banheira convencional, elevada a uma certa altura para facilitar a tarefa do auxiliar.
- A maca é fabricada sobre uma estrutura de perfis de alumínio, regulável no eixo interno ao longo da borda da banheira (na forma de porta horizontal) e um tampo forrado. O conjunto tende a imitar, em tamanho adulto, as banheiras para bebês.
- Como a estrutura utilizada é de porta, a lateral interna do caixilho é fixada com parafusos, diretamente na parede.

Indicações:
- A maca com adaptação para banheira surge com a intenção de rentabilizar o espaço disponível nos serviços higiênicos das escolas, em que, além da área para banho ou ducha, necessita-se de uma maca para as trocas de fraldas ou para o exame.

Sugestões práticas:
- Com relação aos materiais, temos usado o alumínio branco, pela possibilidade de poder molhar-se e por ser relativamente barato.
- O forro terá de ser bem-feito devido à possível umidade.

Nome: **ACESSÓRIOS PARA HIGIENE**	
Área: Adaptações para o asseio	Ficha nº 14

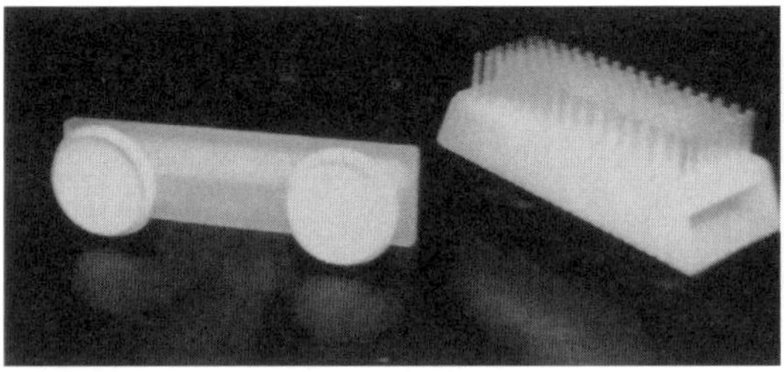

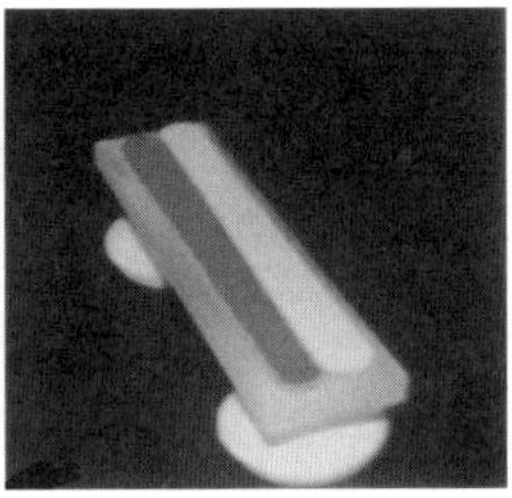

Descrição:
- Trata-se de adaptar os instrumentos que o aluno vai utilizar, fixando-os na superfície, nesse caso o lavabo, para poder fazer uso deles.
- Nessa situação, não recorreremos ao velcro, pelos problemas de limpeza, água, etc.
- Deve-se colar à escova de unhas, às lixas, ao sabão ou ao recurso que se vai utilizar, ventosas que os fixem.

Indicações:
- Potencializar a autonomia nas atividades de asseio.
- Facilitar tais tarefas aos alunos com dificuldades de manipulação.
- Garantir a execução da atividade com resultados satisfatórios para a criança.

Sugestões:
- Podem ser encontrados no mercado.
- Um trabalho coordenado com a família alerta os pais para que reproduzam essas orientações em casa.
- Conscientizar as crianças da quantidade de atividades que podem realizar por si sós, e que essas simples adaptações mostrem a elas suas possibilidades de execução.

Nome: **SUPORTE REGULÁVEL PARA VASO SANITÁRIO COM BARRA FRONTAL**

Área: Adaptações para o asseio   Ficha nº 15

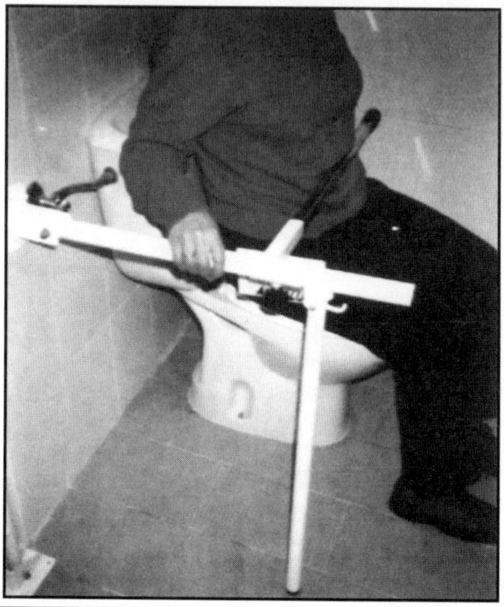

Descrição:
- Esta adaptação consiste na incorporação de um terceiro segmento a um suporte convencional, regulável ou fixo, com ou sem apoio no chão. No exemplo, nós o fizemos em um suporte com apoio no chão.
- Um suporte que, perpendicularmente à horizontal de um dos lados, fica à frente do usuário. Com um pedaço de tubo preso com parafuso, fixamos o terceiro segmento na horizontal.
- O suporte é feito com o mesmo material ou com aço inoxidável; presta-se à função de proteção e apoio frontal.
- Ao utilizar como base o suporte-padrão, o custo econômico é razoável, aumentando as utilidades deste com a adaptação.

Indicações:
O novo suporte que apresentamos tem como objetivos:
- Facilitar o apoio frontal.
- Proporcionar estabilidade.
- Oferecer segurança ao usuário.

Sugestões práticas:
- Outra adaptação que cumpriria tais objetivos poderia ser colocar uma terceira barra frontal sobre os suportes laterais de que disponha o vaso.
- Há modelos comercializados de barras laterais reguláveis, como ângulo de 90º interior com a horizontal, que podem ter a mesma utilidade, embora não regulem a aproximação do abdômen.

Nome: **MÓBILES PARA ESTIMULAÇÃO**	
Área: Adaptações para a comunicação	Ficha nº 16

Descrição:
- Trata-se, nesse caso, de manter suspenso no teto um cabide de roupa ou outro suporte que nos sirva de instrumento para a estimulação.
- Poderemos colocar, entre outras coisas: balões, penacho sintético (para desfazê-lo por peças/cor), penas, peças de espuma ou outros materiais de diferentes cores.
- Os cordões com puxadores serão dispostos, amarrados no móbile, na altura do corpo, pulsos ou tornozelos, para que a criança possa mover, ou próximo à parte que nos interessa que ela mova.

Indicações:
- Proporcionar à criança estimulações visuais e auditivas.
- Facilitar o treinamento no acompanhamento de estímulos visuais em movimento.
- Possibilitar um trabalho de estimulação sobre a criança sem a presença constante do professor.

Sugestões práticas:
- Deve-se pendurá-los no teto, ou no suporte disposto na classe, de maneira que os balões fiquem à altura do menino ou da menina.
- O cordão, com os puxadores costurados, será disposto no pulso ou no tornozelo da criança, para que o móbile seja acionado com seus movimentos voluntários e/ou involuntários.
- Convém não misturar muito as cores, isto é: escolher, por exemplo, balões, penas, etc., de uma mesma cor (vermelhos/verdes/azuis/amarelos), de maneira que a criança perceba que foram modificados pelo profissional a cada dois ou três dias.

| Nome: **TAMPO DE COMUNICAÇÃO DE OBJETOS REAIS** |
| **Área**: Adaptações para a comunicação   Ficha nº 17 |

Descrição:
São painéis de comunicação de fácil fabricação, temáticos e projetados de acordo com o conhecimento e os interesses das crianças. Explicaremos sua confecção:
- Cartolinas resistentes ou cartão.
- Fitas adesivas de cor e rotuladores grossos.
- Embalagens reais dos alimentos que as crianças gostem MAIS e MENOS: por exemplo: sucos, iogurte, pudins, bolachas, etc.

Indicações:
- Potencializar a comunicação.
- Oferecer a possibilidade de discernir desejos e escolher.
- Treinar a sinalização (com qualquer parte do corpo).
- Estabelecer códigos para trabalhar afirmação/negação.

Sugestões práticas:
- Escolher os conteúdos para cada usuário em função de seus gostos, selecionando marcas e sabores, em colaboração com a família.
- Diferenciar bem os elementos, demarcando-os.
- Para espaços determinados (sala de aula, casa) e como apoio para a antecipação de atividades, a comunicação e a estruturação temporal, é muito útil dispor os objetos em caixinhas ou tábuas longitudinais com pedaços de velcro para facilitar a fixação dos objetos.
- Uma alternativa para ter sempre disponíveis os objetos é a incorporação destes a coletes ou roupas, que se deslocam com a criança.

Nome: **ARCO PARA COMUNICAÇÃO**	
Área: Adaptações para a comunicação	Ficha nº 18

Descrição:
- Consiste em um suporte de alumínio de forma quadrada ou retangular, feito com trilhos para cortinas cortados na medida adequada.
- É de fácil fabricação, já que se encontram no comércio todos os dispositivos de montagem e os conjuntos para os cantos, assim como diferentes suportes que, em nosso caso, fixaremos na mesa ou na prancheta do aluno.
- Por ser um suporte para cortinas, dispõe de peças de plástico com orifícios, nas quais, mediante ganchos de cortinas ou clipes grandes, podemos fixar os painéis ou objetos que considerarmos oportunos.
- O arco pode ser fixado a uma barra de ferro, madeira ou alumínio, e esta, por sua vez, mediante pequenos eixos cilíndricos, pode ser acoplada à mesa ou à mesinha da cadeira de rodas.
- Os painéis são confeccionados em acetato transparente ou em plástico, com pequenas peças de velcro para fixar os cartões.

Indicações:
- Suporte para símbolos, fotos, desenhos utilizados para a comunicação mediante o olhar.
- O interlocutor posiciona-se atrás do painel e pode ver para onde a criança dirige o olhar.
- A facilidade de fixação, tanto dos símbolos como de painéis completos, permite que tenhamos variedade e que os organizemos por temas.
- Ao mesmo tempo, pode ser utilizado como arco de estimulação, pendurando brinquedos, objetos ou materiais que desejarmos para a orientação, o acompanhamento visual, a atenção ou a manipulação.

Sugestões práticas:
- Os trilhos são adquiridos em qualquer loja de persianas ou ferragem a custo muito baixo.
- Para o acetato, sugerimos procurar alguma loja que trabalhe com plásticos ou rótulos ou uma papelaria especializada.

Nome: **PANO-PAINEL: SUPORTE PARA COMUNICAÇÃO**
Área: Adaptações para a comunicação   Ficha nº 19

Descrição:

Suporte útil e barato; trata-se de um simples lenço ou de um pedaço de pano nos quais são afixados ou bordados os grafemas.

Indicações:

Válido para pessoas usuárias de sistemas aumentativos de comunicação, nesse caso o código alfabético, que:

* tenham conseguido a leitura compreensiva,
* apresentem poucos problemas de manipulação,
* boa sinalização digital,
* poucas dificuldades para o controle salivar, etc.

Sua utilidade reside na facilidade de transporte. Por ser de pano, pode ser dobrado e levado no bolso ao qual se tenha acesso com mais facilidade, com a conseqüente repercussão positiva de poder utilizá-lo em qualquer situação.

Sugestões:

Pode-se incorporar ao tabuleiro outros indicadores: numéricos, pictográficos ou códigos de cor/forma, etc., que representem frases preestabelecidas conhecidas pelos interlocutores, ou refletidas em outro suporte simples diferenciado, que sejam comumente utilizadas pelos usuários e que não exijam que eles soletrem cada enunciado, em face de necessidades comunicativas freqüentes.

| Nome: **MODELOS DE SUPORTES PARA COMUNICAÇÃO** |
| Área: Adaptações para a comunicação   Ficha nº 20 |

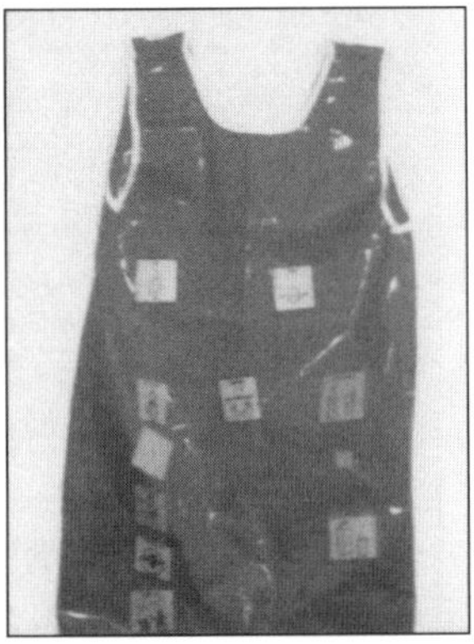

Descrição:
　　Trata-se de possibilitar e facilitar que a pessoa utilize seu sistema de comunicação aumentativa (SAC) no maior número de situações cotidianas.
　　Independentemente do código de comunicação estabelecido – nas ilustrações observam-se símbolos do SPC (Sistemas Pictográficos para a Comunicação) –, estes seriam dispostos em função das características do acesso a eles que os usuários controlem, em diferentes suportes que propiciem uma comunicação e a interação contínua.

Indicações:
　　"Rosca"/bóia: útil para usuários de um SAC em situações de banho (praia, piscina). Os símbolos deverão ser escolhidos em função das necessidades básicas para cada situação concreta, por exemplo: "quero nadar, me dê o tabuleiro, quero sair, me dê uma toalha, estou com frio".
　　Avental/bata: no trabalho com crianças pequenas, é interessante possibilitar o contato corporal; expressões básicas como afirmação/negação, olá/tchau, devem ser dispostas fixadas na bata do educador, seja no colo, na manga, etc.
　　A criança utilizará essa parte do corpo como suporte de comunicação, situação efetiva que motivará a cumplicidade entre os interlocutores.

Sugestões:
　　Dispor os símbolos plastificados e com um adesivo resistente à água no primeiro caso (ou sobre bóias lisas desenhar os símbolos com roladores resistentes), e que possibilite uma fácil substituição no segundo caso, usando velcros.

INCAPACIDADE MOTORA **85**

Nome: **BONÉ COM PONTEIRO LUMINOSO**
Área: Adaptações para a comunicação   Ficha nº 21

Descrição:
Consiste em uma adaptação muito simples, feita com um boné normal adequado ao tamanho da cabeça do usuário, com viseira rígida na qual se fixa uma lanterna de pouco peso, com regulagem do foco, tanto no ângulo como na saída do feixe de luz, e dotada de pinças.
Destacamos o aspecto normalizador da adaptação e seu baixo custo.

Indicações:
• Para pessoas que não podem assinalar manualmente e que têm um bom controle do pescoço sem movimentos alterados.
• Para uso de painéis de comunicação, escolha de objetos em um quarto, loja, ilustrações de contos, material didático, etc.

Sugestões práticas:
• No caso de não encontrar tal lanterna no mercado, pode-se fixar à viseira as lanterninhas-chaveiro, ou aquelas em forma de esferográfica usadas para a sinalização por professores e conferencistas.
• Todas pesam pouco e podem ser fixadas com facilidade através de pequenos orifícios na viseira e com elásticos.
• Convém descartar as lanternas a *laser* "baratas", já que se duvida que sejam benéficas para a saúde ocular.
• Solicitar ao usuário que escolha o modelo, a cor e o desenho de seu boné.

Nome: **EQUIPE DE ESTEPA "OSUNA-3"**	
Área: Adaptações para a comunicação	Ficha nº 22

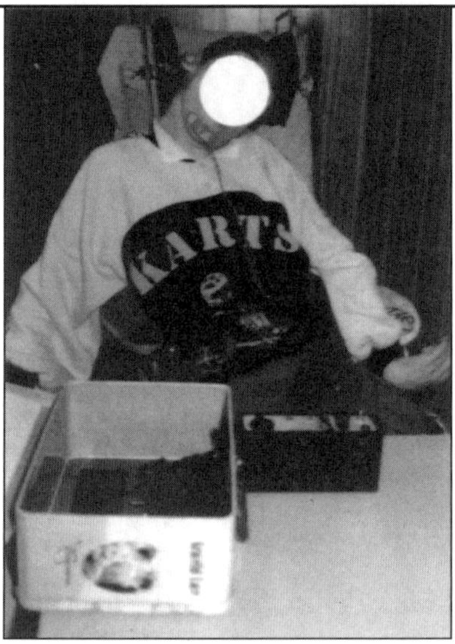

Descrição:

Aparato para líquidos incontrolados, projetado por colegas da Equipe de Orientação Educativa de Estepa-Osuna (EOE 3) de mecanismo e funcionamento similar ao de um "Pipi-Stop".

Trata-se de colocar uma "tira" ou esparadrapo hipoalérgico, que, fixado no queixo da criança, recolherá a saliva. A umidade desta acionará um sinal, acústico ou visual, que indicará aos educadores que a saliva está fluindo e lembrará à criança que tem de engolir a saliva.

Indicações:

Suporte técnico para trabalhar o controle salivar, desde que o usuário seja capaz de engolir.

Elemento básico na realização de um programa de condicionamento estabelecido sistematicamente (folhas de anotação, registros individualizados, sessões programadas com especificação de horários de aplicação, situação, etc.), para alcançar o objetivo do controle salivar ou melhorar tal controle.

Sugestões:

• Escolher o sinalizador (apito, luz, conexão de rádio) em função das características do usuário.

• Não irritar a região do queixo, utilizando adesivos hipoalérgicos e secando a área com suavidade, sem esfregar.

• Colocar um espelho diante da criança para que ela possa observar-se e comprovar a utilidade do aparato.

• Incorporar esse recurso em um sistema de tratamento, como um elemento a mais, muito útil depois de trabalhadas todas as atividades de pré-linguagem, quando se tem certeza de que a criança é capaz de engolir.

Nome: **JOGOS DE ESTIMULAÇÃO TÁTIL**	
Área: Adaptações de material didático	Ficha nº 23

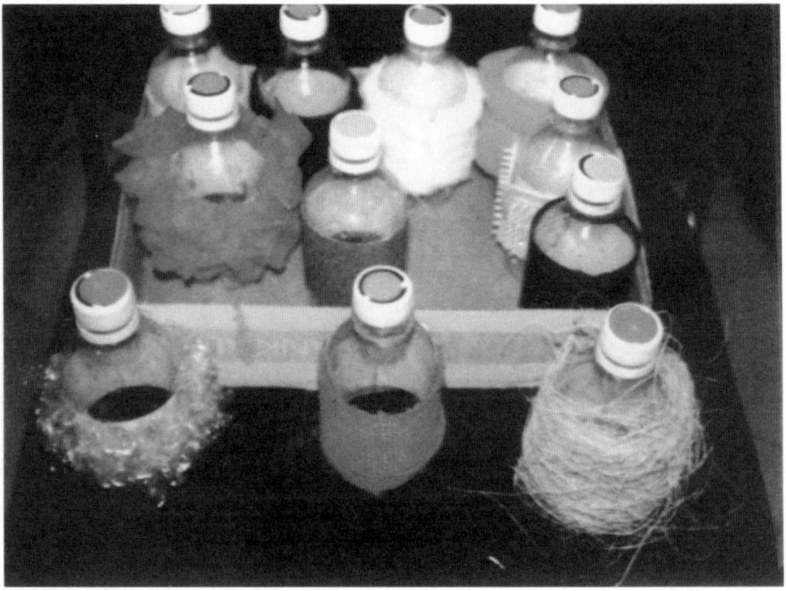

Descrição:

Jogo básico de estimulação tátil realizado com materiais ao alcance de qualquer pessoa:

• Garrafas de plástico pequenas (por exemplo, de iogurte líquido) ou rolos (por exemplo, os tubos de doces).

• Base dupla (especialmente carpete).

• Diversos materiais de diferentes texturas: lixa, esponja fina, algodão, papel de seda, papel-manteiga, esponja verde, tecido áspero, borracha antideslizante, escova de palha, lã, papel alumínio.

Indicações:

• Proporcionar à criança diversas estimulações táteis.

• Fomentar as possibilidades de manipulação.

• Proporcionar novas experiências.

• Material básico para relaxar as mãos, combatendo a posição de "punho cerrado", etc.

Sugestões práticas:

• Se as mãos do usuário/a lhe permitem utilizar as garrafas como rolos, colocar a palma da mão sobre elas. Se não, realizar a estimulação passivamente.

• Material muito recomendado em casos de alterações visuais associadas ao problema motor.

Nome: **ADAPTAÇÃO DE QUEBRA-CABEÇAS SIMPLES**
Área: Adaptações de material didático   Ficha nº 24

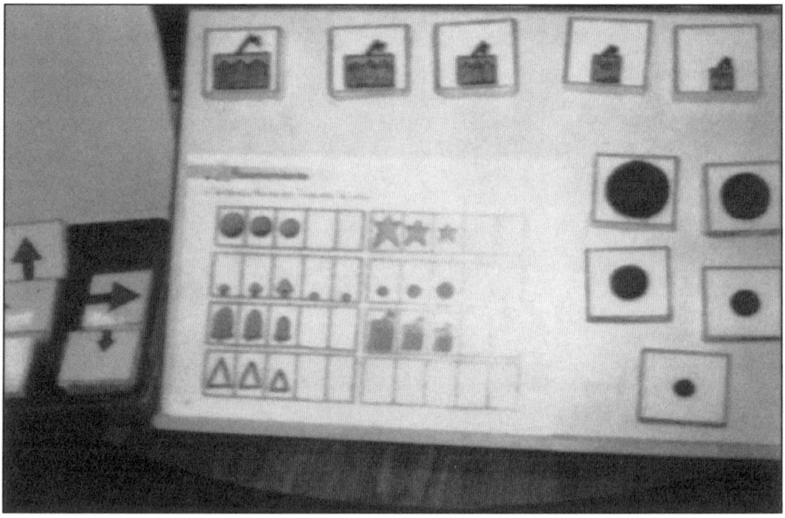

Descrição:
* Trata-se da confecção de quebra-cabeças simples a partir de imagens simples e estimulantes.
* Plastificados e com rolhas coladas para facilitar a manipulação.
* São confeccionados com materiais fáceis de encontrar, e o educador poderá dividir a imagem nas peças que desejar (duas, três, quatro, etc).
* Um mesmo conteúdo pode ser fracionado com traços verticais, horizontais, curvos, oblíquos, etc.
* Pode-se também adaptar atividades que possibilitem a execução de tarefas escolares: seriações espaço-temporais, classificações segundo critérios estabelecidos, etc.

Indicações:
* Possibilitar a ação sobre as peças: preensão e execução do quebra-cabeça.
* Favorecer a coordenação visuomotora.
* Potencializar a estruturação espaço-temporal.

Sugestões práticas:
* As gravuras ou imagens são escolhidas segundo o interesse do usuário.
* As rolhas têm uma forma ideal para essa adaptação.
* Utilizaremos plástico transparente adesivo ou plastificado para proteger o quebra-cabeça.

Nome: **FABRICAÇÃO DE QUADRO METÁLICO**	
Área: Adaptações de material didático	Ficha nº 25

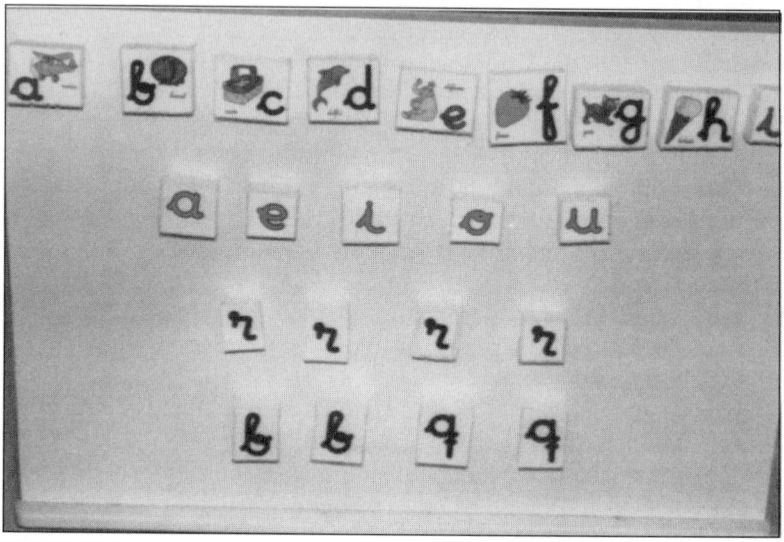

Descrição:

A adaptação consiste basicamente em forrar com plástico adesivo uma chapa de ferro, segundo as medidas desejadas, incorporando pautas a ela, se for o caso (linhas que servem de orientação).

Para realizar tal adaptação, precisaremos do seguinte material:

- Pranchas de ferro: existem chapas de ferro de 2x1 m por 1 mm de espessura, que podem ser compradas em ferragens.
- Plástico/papel adesivo: pode ser conseguido nas papelarias. É recomendável a utilização do branco ou do creme (quando se trabalhar com alunos com problemas de visão), para que se ressaltem as peças dispostas sobre ele. Convém reforçar as bordas, contornando o quadro com papel adesivo colorido, com capricho artesanal.
- Fita adesiva colorida: servirá para contornar, estabelecer pautas ou linhas ou enquadrar os quadros.

| Nome: **FABRICAÇÃO DE QUADRO METÁLICO** |
| **Área:** Adaptações de material didático   Ficha nº 25 (cont.) |

Indicações:
- Possibilita a manipulação das peças imantadas, que podem ser arrastadas.
- Permite trabalhar conteúdos pedagógicos variando os materiais, lecto-escrita, cálculo, etc.
- Inclinando-se o quadro, favorece-se uma postura ereta da cabeça do usuário, o que beneficia a deglutição da saliva (quando há problemas com o controle desta), a percepção dos estímulos visuais (se existem problemas de visão), reduz-se movimentos e reflexos involuntários, etc.

Sugestões práticas:
- Não esquecer de limpar e secar muito bem as pranchas de ferro antes de forrá-las, e ir colocando o papel adesivo pouco a pouco, evitando a formação de bolhas de ar.
- Se forem de tamanho grande, dispô-las na parede, fixadas em diferentes alturas, para que possam ser utilizadas em diferentes posições.
- Se forem do tamanho da carteira ou similares, é aconselhável dispô-las em algum tipo de atril, fixando-as a um painel de madeira para colocá-las em posição vertical.
- Convém reforçar as bordas para evitar que as crianças se machuquem com as pontas e as bordas muito afiadas.
- Outro material que pode ser utilizado é uma tela metálica de textura muito densa. É aconselhável dispô-la sobre um painel de madeira ou sobre a carteira, depois forrá-la.

Nome: **MATERIAIS IMANTADOS**	
Área: Adaptações de material didático	Ficha nº 26

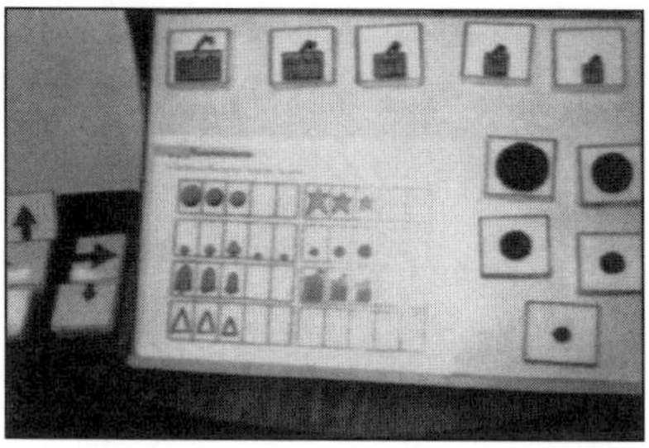

Descrição:

- Existem no mercado letras (maiúsculas, minúsculas, de forma ou cursiva), números, formas geométricas, etc., de diferentes cores e tamanhos, IMANTADAS que podem ser utilizados em nossos quadros metálicos.
- Também podemos fazer nós mesmos esse material, com o tamanho e a forma que melhor se adaptem às possibilidades de preensão de cada menino ou menina.
- Teríamos apenas de plastificar as imagens ou grafias (para evitar que se deteriorem por falta de controle salivar) e dar-lhes volume (para facilitar a preensão); em sua parte posterior, um pequeno ímã ou pedaço de cartolina magnética, que possibilita seu deslocamento pelo quadro metálico.

Indicações:

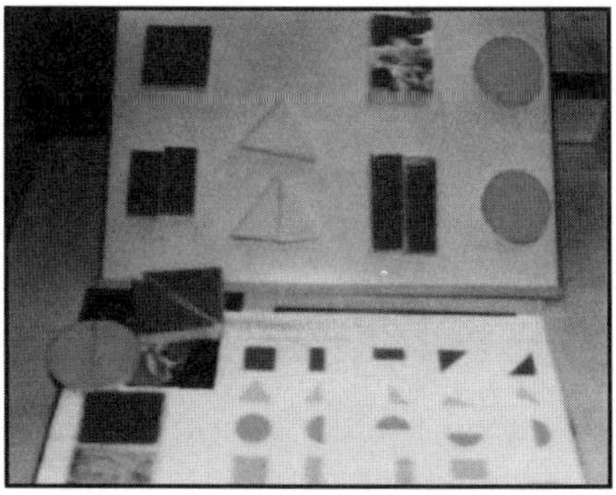

- Possibilitar a ação sobre as peças, principalmente arrastando-as.
- Favorecer a utilização de atris, verticalização de planos de trabalho, proporcionando um material de reforço para trabalhar vários conteúdos escolares.
- Potencializar a estruturação espaço-temporal, coordenação visuomotora, etc.

Sugestões práticas:

- É muito prático programar, entre as atividades pré-tecnológicas dos últimos períodos, a fabricação desse tipo de jogos, sobretudo se na escola há alguma criança que tenha de utilizá-lo. Dessa forma, em pouco tempo pode-se contar com um bom suprimento de peças.
- Imaginem também as possibilidades de adaptação de jogos de dominó, seriações, discriminação de formas, percepção de diferenças, etc., que se podem realizar com essas cartolinas imantadas.
- É aconselhável transferir essas possibilidades de ação das crianças às famílias. Em casa, a cozinha está cheia de "quadros metálicos": todos os eletrodomésticos, bandejas metálicas, etc. Quando se proporcionam a ela alguns dos conteúdos adaptados, a criança se exercitará e brincará com eles, o que beneficiará o controle de seus movimentos no momento de realizar tais atividades na aula.

Nome: **ADAPTAÇÃO PARA OPERAÇÕES ARITMÉTICAS SIMPLES**
Área: Adaptações de material didático   Ficha nº: 27

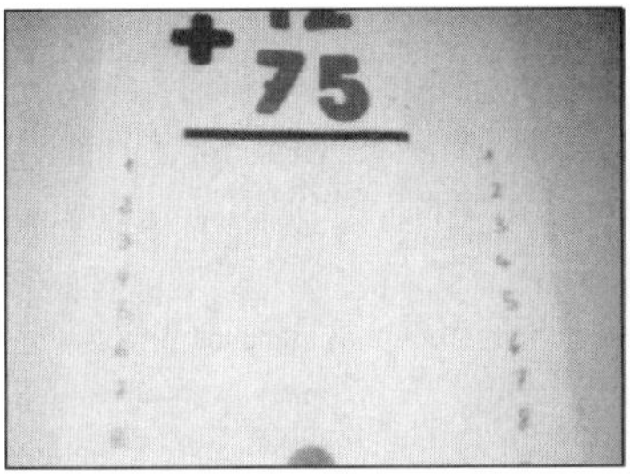

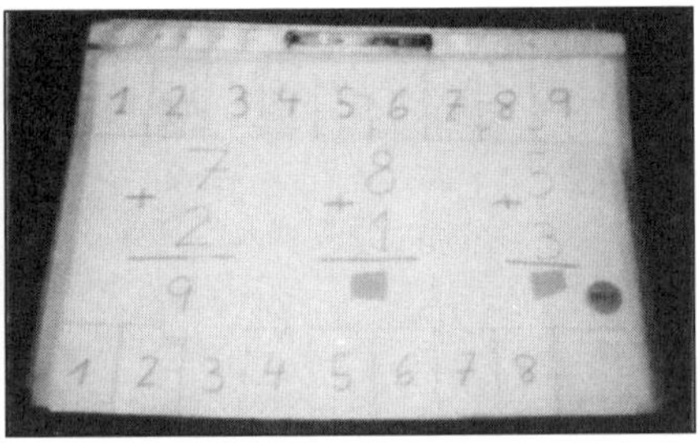

Descrição:

Quando nossos alunos não conseguem realizar as operações aritméticas simples: soma, subtração, multiplicação, divisão, com escrita manual e levando em conta as dificuldades que supõe resolvê-las com sua máquina de escrever eletrônica, devemos:

1º. Introduzir materiais alternativos ao papel e ao lápis.
  – Peças imantadas sobre quadros metálicos.
  – Números manipuláveis.
  – Sistemas de carimbo.

2º. Adaptar tais operações para sua execução em fichas nas quais o aluno, mediante pintura com os dedos, sinalizadores, adaptadores de lápis, etc., possam deixar um registro gráfico da operação realizada, facilitando-lhe a execução.

Indicações:

• Em casos de dificuldade de escrita manual.
• Para estimular e motivar a criança a realizar essas tarefas, facilitando-as.
• Como adaptação de provas de avaliação em face da necessidade de determinar níveis e conhecimento.

Sugestões:

Vale também cunhar as opções de resposta, para facilitar à criança sua preensão e evitar que as deixe cair no espaço reservado à solução, que se terá adaptado previamente com fita adesiva de dupla face.

Nome: **APRENDIZAGEM DA DISTRIBUIÇÃO DO TECLADO: SISTEMA QWERTY**
Área: Adaptações de material didático   Ficha nº: 28

Descrição:
* Adaptações de fácil desenho e fabricação, para a introdução e aprendizagem da distribuição dos grafemas (Sistema "QWERTY") da máquina de escrever eletrônica ou do teclado do computador.
* É necessário que o aluno faça exercícios de localização visual. Para isso, pode colocar-se na parede, em frente à sua carteira, um painel similar ao que a figura ilustra.
* Mediante jogos e atividades diversas, pede-se a ele que identifique e localize visualmente a letra que lhe pediremos.
* Simultaneamente, realiza-se essa mesma atividade com painéis sobre sua carteira/mesa, para que faça a mesma atividade com movimentos mais amplos.
* Inicia-se o trabalho com os grafemas em maiúscula e cursiva, porque costumam ser os primeiros que a criança aprende.
* No mesmo painel, em sua parte inversa, aparecerá o mesmo teclado em maiúscula e letra de forma.
* Uma vez que o aluno tenha memorizado a distribuição das teclas em seu painel, poderá localizá-las mesmo que apareçam em maiúsculas (recorde-se que é assim que as reproduzem os Suportes Técnicos à Comunicação).

Indicações:
     Após o aluno cumprir este protocolo, seus professores fazem a "coleta de dados para a tomada de decisão sobre a conveniência de utilizar máquina de escrever eletrônica", tendo sido realizadas as provas iniciais para:
* Comprovar se o aluno necessita ou não de armação (adaptador de teclado) para acionar as teclas.
* Prever se o aluno pode liberar os dedos para fazer a impressão (com uma ou com as duas mãos).

Nome: **APRENDIZAGEM DA DISTRIBUIÇÃO DO TECLADO: SISTEMA QWERTY**	
Área: Adaptações de material didático	Ficha nº 28 (cont.)

Sugestões práticas:

• As dimensões dos painéis para trabalhar sobre sua carteira serão reduzidos paulatinamente (79 cm – 50 cm – 25 cm), até se parecerem mais com o teclado real.

• Dessa forma, vai-se exigindo do aluno movimentos mais precisos, que lhe permitam tirar o máximo proveito do suporte técnico para a escrita que utilizará.

• Recordem-se dos critérios pedagógicos para a utilização desses recursos e da grande vantagem que significa o poder de liberar as folhas de cada texto (cortando o canto, podem converter-se em fichas), que poderiam ser introduzidas na máquina de escrever, permitindo que os alunos trabalhem sobre os próprios conteúdos já impressos.

• A grafia dos dígitos costuma ser mais legível do que a das letras e, como é muito difícil trabalhar as operações aritméticas com a máquina de escrever, recomendamos que se mantenha, sempre que possível, a escrita manual, sobretudo para trabalhar os conteúdos de raciocínio numérico. Se tal medida não for factível, verificar a adaptação de operações aritméticas simples.

INCAPACIDADE MOTORA **95**

Nome: **ADAPTAÇÃO PARA LEITURA SILÁBICA**
Área: Adaptações de material didático   Ficha nº 29

Figura 1

Descrição:
Apresentamos uma série de materiais construídos em madeira (os suportes) e superfícies de papel plastificadas (os conteúdos, pelo problema da falta de controle salivar em algumas crianças), úteis para trabalhar e reforçar a leitura silábica com aqueles alunos com incapacidade motora, para os quais se escolheu um método sintético de ensino/aprendizagem da lecto-escrita.

Os três elementos abrangem o mesmo conteúdo e pode-se alternar seu uso, proporcionando variedade de materiais ao aluno, ou selecionando algum deles, em função das características de manipulação e controle dos movimentos dos membros superiores.

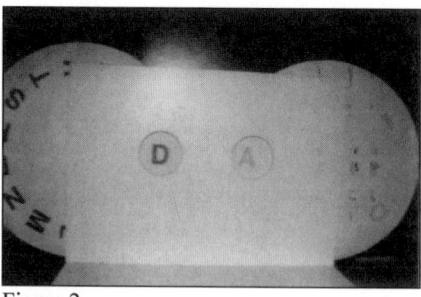

Figura 2

Indicações:
• Adaptações necessárias para alunos com afetação de membros superiores que não podem realizar escrita manual. Válidas para reforçar a leitura silábica, como passo prévio à introdução de suportes técnicos: máquina de escrever eletrônica, computador, etc.

• Cada uma delas permite trabalhar outros conteúdos a curto e médio prazos. Por exemplo:

Nome: **ADAPTAÇÃO PARA LEITURA SILÁBICA**	
Área: Adaptações de material didático	Ficha nº 29 (cont.)

Figura 3

1. Perfurações: treina a criança nos movimentos que posteriormente serão exigidos para teclar com a armação, mas em superfícies mais amplas, o que facilitará posteriormente o controle de tais movimentos (Figura 1).

2. Cilindro: ao mesmo tempo que escrevem sílabas no ditado (diretas e inversas), é um bom exercício de coordenação óculo-manual e de controle de seus movimentos (Figura 3).

3. Janelas: pode-se realizar a leitura silábica, pois ao mesmo tempo em que se trabalha o acompanhamento ocular, fixa-se a atenção e se favorece um adequado controle visual (Figura 2).

Sugestões práticas:

• Em todos os casos, pode-se variar a letra à escolha do professor: cursiva ou de forma.

• Recomendamos que em uma face trabalhem-se as minúsculas, com o tipo de letra escolhido e, na oposta, os grafemas em maiúscula.

• Vale recordar que os suportes técnicos aparecem com as teclas em letra de forma e maiúscula, enquanto que as crianças costumam aprender com letra cursiva e minúscula.

Nome: **ADAPTAÇÕES PARA PAPEL ADESIVO**	
Área: Adaptações de material didático	Ficha nº 30

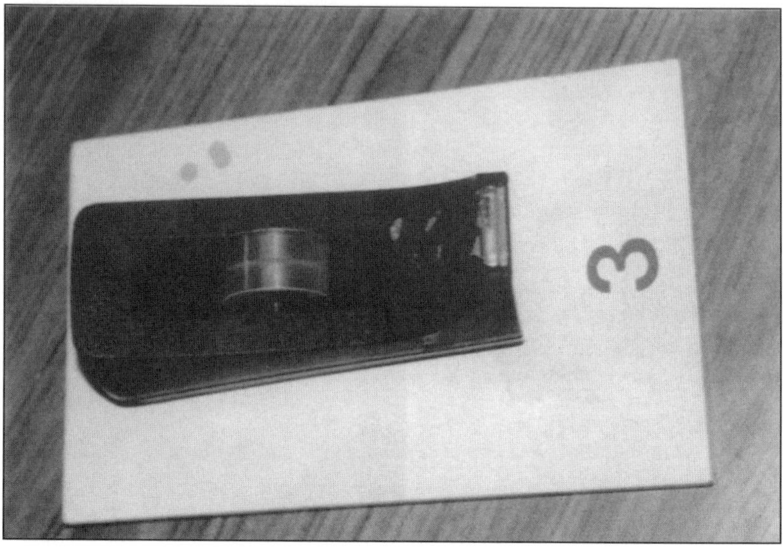

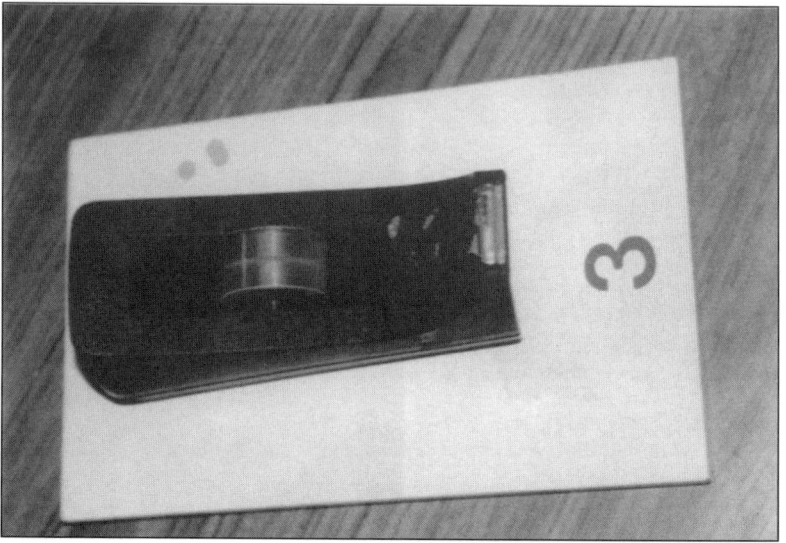

Descrição:

Normalmente, o que costumamos fazer é fixar o porta-rolos em uma tabuinha de madeira que é imobilizada sobre a mesa com velcro.

O aluno, com uma só mão, poderá puxar a fita adesiva e cortar a quantidade desejada.

Indicações:

Essas adaptações são muito válidas para preparar os alunos, sobretudo os que participam de algum programa de garantia social (auxiliares administrativos), para realizar de forma autônoma atividades de empacotamento, fixação de folhas, documentos, etc.

Pode-se realizar as atividades mesmo que apareçam tremores intencionais ou outro tipo de movimentos involuntários; também é muito útil para pessoas hemiparéticas.

| Nome: **ADAPTAÇÕES PARA PAPEL ADESIVO** |
| Área: Adaptações de material didático   Ficha nº 30 (cont.) |

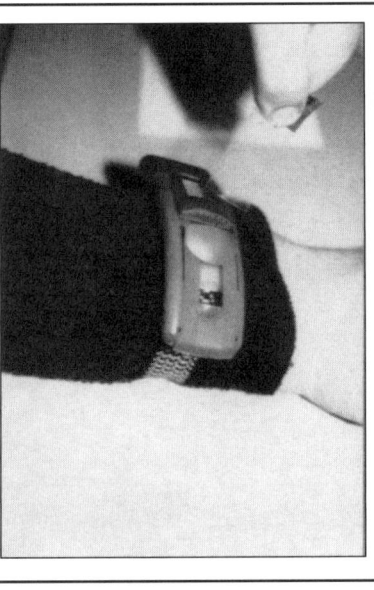 

Sugestões:
- Vale também recorrer a produtos já comercializados, existentes no mercado, que podem ser adquiridos em papelarias especializadas. A fita adesiva já vem cortada, sendo preciso apenas extrair a unidade, e a peça seguinte já aparece preparada.
- Pode-se colocar esses "corta fixos" no punho mais afetado do usuário, para que extraia com sua mão mais funcional o papel adesivo. Ou, ajustando-o na superfície de grande peso, que se terá imobilizado previamente sobre a mesa com velcro, simplesmente puxar o número de peças desejadas.
- Devemos nos acostumar a utilizar na base das adaptações sempre a mesma superfície (face) do velcro, por exemplo, a rugosa, de forma que, simplesmente dispondo sobre o tampo-mesa de trabalho a outra tira de velcro adesivo (a suave), poderemos ir colocando sobre ela os diferentes materiais: tesouras, brinquedos, apontadores, etc.

Nome: **ADAPTAÇÕES PARA UTENSÍLIOS DE OFICINA**
Área: Adaptações de material didático   Ficha nº 31

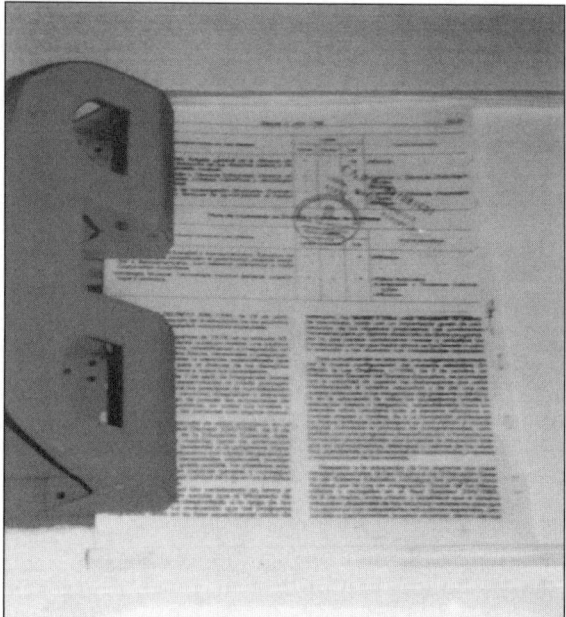

Descrição:
- As adaptações que propomos aqui são simples, e as apresentamos com a intenção de, uma vez mais, desmistificar algumas das ações talvez não muito usuais, ainda que facilitadoras de autonomia.
- Consistem basicamente em conseguir que um grampeador, um furador ou uma guilhotina possam ser utilizados por alunos com problemas de manipulação, de tal forma que a ação se desenvolva com um movimento.
- Conseguimos isso indistintamente com três adaptações genéricas básicas:
  1. Fixando a ferramenta (furador, grampeador, guilhotina).
  2. Colocando limites e apoio para o papel.
  3. Potencializando, ampliando ou alargando as peças a serem acionadas.

Indicações:
- Fazemos as adaptações descritas para os alunos de ensino médio ou para aqueles que desenvolvem estudos específicos de formação profissional.

Nome: **ADAPTAÇÕES PARA UTENSÍLIOS DE OFICINA** **Área**: Adaptações de material didático   Ficha nº 31 (cont.)

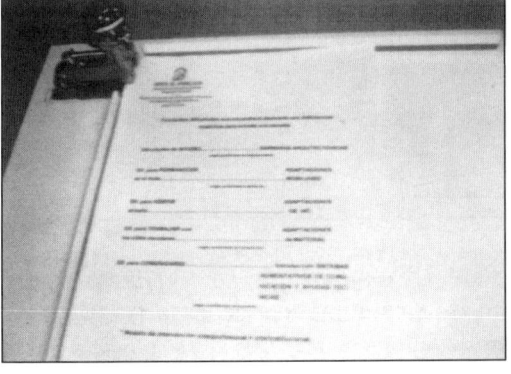

- Facilitam enormemente a inclusão no mundo do trabalho em tarefas rotineiras próprias de oficina.
- Comprovar o alto grau de satisfação que produz nos alunos poder realizar de forma autônoma esse tipo de atividades, próprias do perfil profissional que estão desenvolvendo.

Sugestões práticas:
- É importante flexibilizar e respeitar os tempos de execução.
- Não submeter o aluno a situações frustrantes; se temos certeza de que não vai poder realizá-la, não devemos forçá-lo a executar determinada tarefa.

- Conjugar com o critério anterior, o de não nos anteciparmos em predizer o que nossos alunos serão capazes de fazer.

- Em caso de hemiplegia, o êxito está assegurado.

Nome: **ADAPTAÇÕES PARA ATIVIDADES DE COLAGEM**
Área: Adaptações de material didático   Ficha nº 32

Descrição:

Trata-se de adaptar o tubo de cola que o aluno vai utilizar, de forma que não tenha de manejá-lo, destampá-lo e friccioná-lo sobre o papel.

Utilizamos um sistema de fixação à mesa com velcro e imobilizamos a cola por meio de um suporte de madeira no qual o tubo fica preso.

Indicações:

É recomendado para alunos com movimentos anormais nos membros superiores e/ou com afetação motora na metade do corpo, direita ou esquerda.

Sugestões:

- Convém utilizar tubos grandes (grossos) de cola, para aumentar a superfície com goma, sobre a qual o usuário deslocará, arrastando, o material a ser colado.

- Reforçar a execução da tarefa. Às vezes, quando experimentam tal material, é a primeira vez que lhes é permitido realizar por si sós uma atividade desse tipo.

| Nome: **ADAPTAÇÕES PARA ATIVIDADES DE RECORTAR** |
| **Área**: Adaptações de material didático   Ficha nº 33 |

Descrição:

Esta pequena adaptação consiste em fixar a tesoura à mesa, sobre uma superfície de madeira (fazendo uso do velcro), em posição lateral e verticalizada. Normalmente, escolhem-se modelos de tesouras "sem dedos".

A pessoa terá apenas de pressionar a borda que fica livre com a parte do membro superior (direita ou esquerda) que controlar melhor: dedos, mão, antebraço, cotovelo.

Indicações:

Útil para incorporar atividades de recorte nas tarefas escolares de nossos alunos gravemente afetados em suas possibilidades de manipulação.

Indicadas para usuários que não podem segurar diretamente a tesoura, e cujos movimentos incontrolados distorcem a execução de todo tipo de atividade de recorte.

Sugestões:

Aproveitar os trabalhos em grupo nos quais seja preciso dispor de grande número de peças de papel, lã, etc., para colagens e mosaico.

Nosso aluno participará da linha de montagem responsabilizando-se pelo corte de materiais, eventualmente com a ajuda de outro colega, que ficará segurando os materiais.

INCAPACIDADE MOTORA **103**

Nome: **ADAPTAÇÃO DE MÉTODOS LECTOESCRITOS**
Área: Adaptações de material didático   Ficha nº: 34

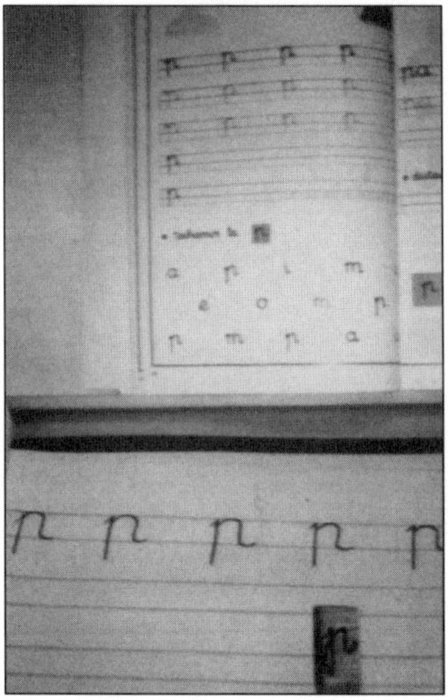

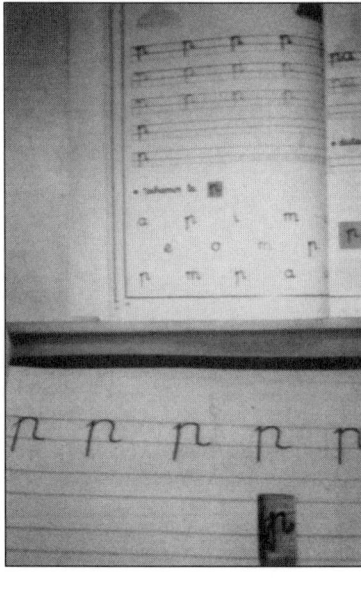

Descrição:

Trata-se de acoplar os materiais com os quais vamos iniciar o processo de ensino/aprendizagem de nossos alunos às possibilidades de manipulação destes.

Partindo do método de lectoescrita escolhido pelo professor tutor, com todas as atividades propostas nele, nas quais se requeira uma execução manual, utilizando elementos clássicos (lápis, giz de cera, borrachas, etc.), também serão desenvolvidos por nossos alunos com dificuldades motoras, utilizando recursos alternativos, como materiais imantados (ver Fichas 25 e 26) e sistemas de carimbos.

Indicações:

• Adaptações necessárias para alunos com afetação nos membros superiores que não podem realizar escrita manual.

• Ideal para iniciar o processo de ensino/aprendizagem da lecto-escrita, como passo prévio à introdução de suportes técnicos: máquina de escrever eletrônica, computador.

• Requer por parte dos professores uma ampla organização; as peças imantadas devem estar devidamente posicionadas no quadro metálico para que sejam deslocadas arrastando. Os carimbos devem estar ao alcance do aluno, sobre o oleado antideslizante e com a almofada de tinta imobilizada no tampo/mesa.

• Material de uso muito gratificante para o aluno e muito bem aceito pelos professores.

| Nome: **ADAPTAÇÃO DE MÉTODOS DE LECTOESCRITOS** |
| Área: Adaptações de material didático   Ficha nº 34 (cont.) |

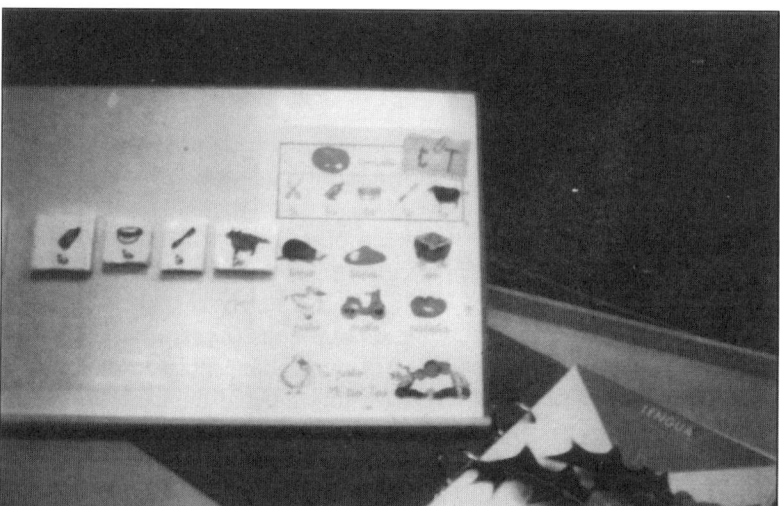

Sugestões práticas:
1. Devem ser realizados para a criança em questão, em função de suas características de preensão e das possibilidades de manipulação, tanto das peças imantadas como dos pegadores dos carimbos.
2. Deve-se recorrer aos alunos de magistério em estágio – colaboração do ensino médio e superior –, associações de pais, etc., para sua realização.
3. Quando se dá prioridade a uma execução mais ágil da tarefa, emprega-se o material imantado. Quando se deseja registro gráfico da atividade realizada pela criança, utiliza-se os carimbos.
4. Alcançadas as primeiras fases do processo de lecto-escrita, introduzir suportes técnicos que agilizem a execução.

Nome: **SUPORTE PARA SERIAÇÕES**	
Área: Adaptações de material didático	Ficha nº 35

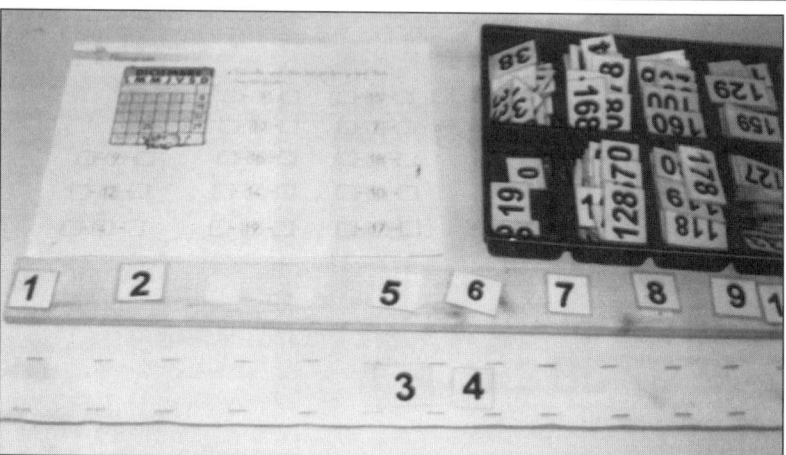

Descrição:

Trata-se de dispor de uma série de ripas sobre as quais serão colocadas fitas de velcro.

Cada conteúdo pedagógico com o qual se deseja trabalhar será adaptado previamente, segundo as possibilidades de preensão dos alunos, plastificando-o e dispondo em sua parte inferior a outra face do velcro.

O usuário terá apenas de deixar cair as peças na superfície da ripa recoberta de fita adesiva (velcro).

Indicações:

Material de elaboração simples, que permite a realização de forma autônoma, por parte do aluno, de seriações numéricas ou de qualquer outra atividade na qual seja necessário estabelecer uma ordem ou correspondência, uma classificação segundo critérios determinados (cor, forma, alfabeto, quantidades crescentes ou decrescentes, etc.).

Útil sobretudo como alternativa à execução manual com papel e lápis desse tipo de atividades. É válida para os casos em que os movimentos involuntários dos usuários distorcem a tarefa.

Sugestões:

É importante envolver o tutor e, juntos, decidir quais das atividades programadas para a aula poderão ser efetuadas com esse material.

Como sempre, costuma ser um recurso muito motivador, não apenas para a criança com incapacidade motora, mas para o conjunto da classe.

Nome: **SUPORTE PARA RECONHECIMENTO NUMÉRICO**
Área: Adaptações de material didático   Ficha nº 36

Descrição:
Trata-se de adaptar uma série de suportes para rentabilizar objetos, materiais e conteúdo de uso cotidiano com nossos alunos. Por exemplo: os cupons do sorteio de loteria, as folhas do calendário, etc.

Prepara-se plataformas plastificadas com a disposição de fita adesiva (velcro fino, fita adesiva dupla face, etc.); a criança identificará o cupom premiado, o dia da semana/mês, etc., e o deixará cair sobre a superfície para que se fixe em seu tabuleiro.

As peças também terão sido adaptadas, plastificadas; eventualmente, se aumentará seu volume para facilitar a preensão, e sempre terão na outra face a superfície aderente na sua face inferior.

Indicações:
Com alunos de idade mais avançada, isso nos permitirá realizar atividades de reconhecimento numérico, orientação espaço/temporal, etc., independentemente do nível pedagógico que tenham. Isto é, as crianças com dificuldades de manipulação poderão procurar os cupons premiados, reunir todos os que tenham reposição do valor apostado, mesmo que não reconheçam cifras que envolvam as dezenas de milhar.

Sugestões práticas:
Buscar áreas de interesse para nossos alunos; pode-se adaptar também uma tabela de loteria, bingo, mostruário de sorvetes, etc. O usuário manipulará as quantidades ou os preços previamente adaptados.

Nome: **A ESFERA DE BORRACHA**	
Área: Adaptações de material didático	Ficha nº 37

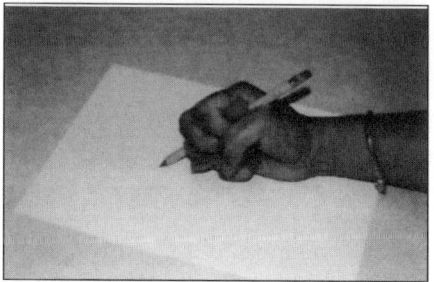

Descrição:

- Trata-se de uma adaptação muito simples para os instrumentos de escrita, de fácil construção e funcionalmente muito positiva.
- Consiste em acoplar pedaços retangulares de espuma, de modo a formar-se uma esfera, de alguma maneira volumosa, que permita reter o reflexo do aluno de embutir o polegar e manter a mão em punho.
- A quantidade, o volume e a forma das peças podem ser regulados conforme cada caso, assim como a posição do instrumento de escrita.

Indicações:

A adaptação para escrita "esfera de borracha" foi projetada com a idéia de facilitar a utilização do lápis e outros instrumentos de escrita para meninos e meninas com problemas de preensão e manipulação.

Sugestões práticas:

Essa mesma adaptação pode ser feita com outros instrumentos escolares ou domésticos, como pincéis, talheres, mamadeiras, pentes, escova de dentes, borrachas, etc.

| Nome: **ADAPTAÇÕES DE APONTADOR E BORRACHA** |
| **Área**: Adaptações de material didático   Ficha n° 38 |

 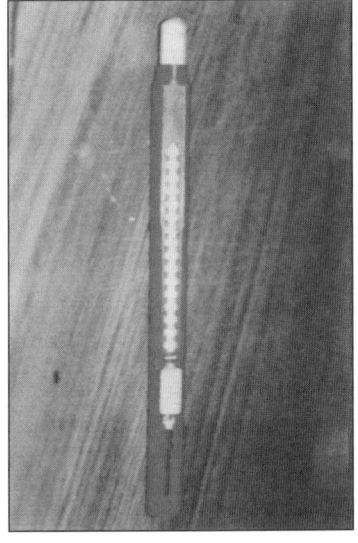

Descrição:

Trata-se de adaptar recursos já existentes no mercado que permitirão a nossos alunos realizar tarefas próprias do âmbito escolar, como apontar lápis e apagar.

O aluno poderá realizar a tarefa simplesmente recorrendo aos apontadores que funcionam à pilha e fixando-os à mesa com velcro.

No lápis-borracha, se poderá dispor de quantas adaptações facilitadoras da preensão do lápis-padrão o aluno necessite, de forma que possa apagar da mesma forma que riscou, assinalou ou escreveu.

Indicações:

• Materiais válidos para alunos com dificuldades no uso e no manejo dos recursos escolares básicos, facilitando-lhes a tarefa.

• Útil sobretudo para alunos com dificuldades de preensão do apontador/da borracha, e com problemas na hora de dissociar os movimentos necessários (intra-rotação/extra-rotação do pulso) para realizar a tarefa

Sugestões:

Se as dificuldades para controlar o lápis e para conseguir a coordenação visuomotora necessária para introduzi-lo no apontador limitam a execução da atividade, deve-se recorrer à ajuda de um colega e/ou adaptar o apontador à pilha acoplando-lhe um botão (ver Ficha 45).

INCAPACIDADE MOTORA **109**

Nome: **ADAPTAÇÕES DE PASSADORES DE PÁGINAS**
Área: Adaptações de material didático   Ficha nº 39

Descrição:
Trata-se de material comercializado.
- Com o dedal de borracha antiaderente, colocado na ponta do dedo que o aluno movimenta melhor, se valerá deste para poder contar documentos, separá-los ou passar as páginas de um livro.
- As pinças de diferentes tamanhos são suplementos para poder puxar as páginas quando se tem alguma dificuldade.

Indicações:
Útil se o aluno for capaz de realizar algum tipo de independência digital (trabalhar com a Ficha nº 40); acoplar o tamanho do dedal aos dedos do usuário.

Sugestões:
- Recomenda-se dispor as pequenas pinças na lateral direita do livro com o qual se está trabalhando, em diversas alturas, cada uma delas em uma página diferente.
- Com a própria mão que o usuário controla melhor, com qualquer dedo ou com algum dispositivo colocado na mão, é possível realizar a atividade.
- Quando se coloca a cabeça de um alfinete ou um clipe (este diretamente sobre as folhas) sobre as pinças e na ponta do licorne um ímã, a atividade pode ser realizada com movimentos de cabeça.

Nome: **JOGO PARA DESTREZA DIGITAL**	
Área: Adaptações de material didático	Ficha nº 40

Descrição:

O jogo de destreza que apresentamos é uma adaptação simples; com conteúdos atrativos e próximos da criança, fabricamos um material de trabalho que nos facilita diferentes e divertidas atividades para realizar com os alunos com ou sem incapacidade.

Utilizamos para isso:

• Tampinhas de garrafa (cerveja, refrescos, sucos, etc.).

• Fotos de imagens motivadoras em função de sua idade e de seus interesses (time de futebol favorito, cantores, desenhos animados, etc.).

• Plastilina ou forros (cortados em círculos ajustadas à tampinha).

Indicações:

• Favorecer a independência digital.

• Potencializar uma preensão manual madura.

Sugestões práticas:

• Apresentar tampinhas adaptadas misturadas com uma grande quantidade de tampinhas vazias, para que a criança encontre o personagem que lhe propuseram achar.

• Podem-se apresentar tampinhas para classificação segundo critérios de cor, forma geométrica, etc.

Nome: **ATRIL COM VELCRO**
Área: Adaptações de material didático   Ficha nº 41

Descrição:
Consiste em rentabilizar recursos já incorporados na aula, utilizando-os com múltiplas finalidades educativas.

Se no próprio atril metálico (ver Ficha 25) dispormos em sua parte traseira uma fita larga de velcro aderente, ele nos poderá servir de suporte de estimulação do qual penderão diferentes objetos reais com os quais trabalharemos com as crianças.

Indicações:
Material básico de estimulação que possibilita, de forma rápida:
• a identificação do objeto;
• a sinalização;
• estimular a manipulação;
• trabalhar a diferenciação de texturas.

Sugestões:
A parte posterior do atril será utilizada para ocultar os estímulos que não queremos que apareçam no campo visual do aluno, sua incorporação ou seu desaparecimento no/do âmbito de trabalho se fará de forma rápida, apenas puxando os elásticos.

Nome: **ADAPTAÇÃO COM "ESPIGAS"**	
Área: Adaptações de jogos e brinquedos	Ficha nº 42

Descrição:

- Trata-se de uma estratégia simples para fixar os materiais na mesa de trabalho.
- Consiste em posicionar o jogo/brinquedo com o qual a criança vai trabalhar fixado a uma mesa na qual se dispuseram previamente duas "espigas", sempre colocadas à mesma distância (cerca de 10 cm).
- Sobre o tampo-mesa haverá duas perfurações, também situadas a 10 cm de distância; o jogo ficará encaixado e será difícil deslocá-lo, a não ser puxando para cima.

Indicações:

- Útil para trabalhar com alunos com movimentos involuntários. A fixação da base de um jogo de arquitetura, por exemplo, facilita a tarefa e evita a frustração.
- Em alunos com graves deficiências cognitivas, com pouco interesse pelos objetos, permite mantê-los ao seu alcance visual, sem poder deslocá-los deste.

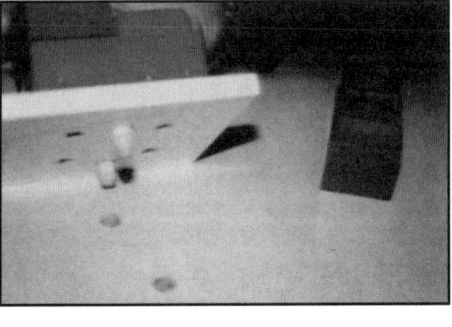

Sugestões práticas:

- Rentabilizar todos os jogos e brinquedos existentes nas salas de aula que não tinham sido utilizados pelos alunos devido a seus movimentos incontrolados.
- Estes também podem ser fixados com ventosas ou velcro largo; mas o tampo da mesa ficaria inutilizado para outras atividades, por exemplo, tarefas com papel e lápis. As perfurações, desde que tampadas com o oleado antideslizante, não interferem em outras tarefas.

INCAPACIDADE MOTORA **113**

| Nome: **ADAPTAÇÃO DE BRINQUEDOS À PILHA** |
| **Área**: Adaptações de jogos e brinquedos   Ficha nº 43 |

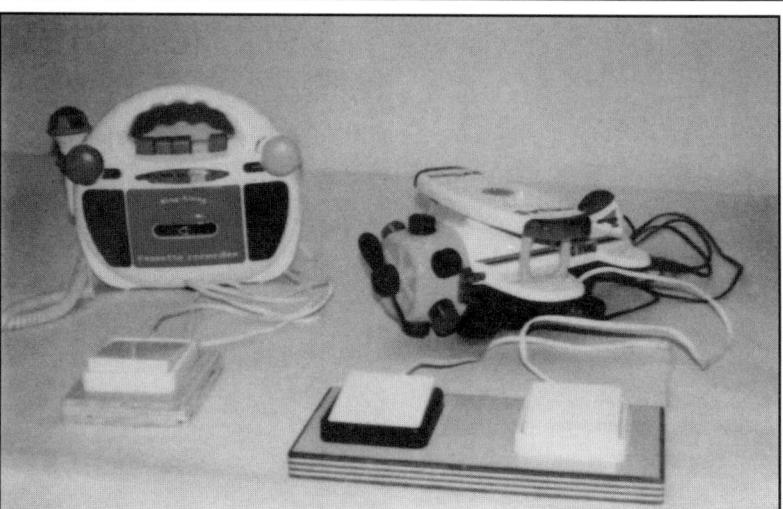

Descrição:
- Basicamente, trata-se de ligar o circuito interior de alimentação do brinquedo e outros aparelhos à pilha (radiogravadores, ventiladores) mediante uma simples operação de acoplamento dos cabos a um comutador que a criança aciona, seja diretamente pelos dois pólos do interruptor, ou simplesmente ligando um dos cabos.
- Consiste em conseguir pôr os brinquedos em marcha. Os interruptores que os brinquedos costumam ter são muito pequenos e situados em lugares pouco acessíveis, de maneira que as crianças com dificuldades de manipulação convertem-se em meros espectadores.
- Recomenda-se que não se conecte um comutador diretamente a um brinquedo, mas que se ponha uma chave no cabo que sai deste ou diretamente no brinquedo com um modelo com chassi para fixar.
- A chave será conectada ao cabo com comutador. Assim, poderemos utilizar o mesmo botão para vários brinquedos, ou vice-versa: um mesmo brinquedo pode ser acionado por diferentes comutadores.
- Outro sistema ainda mais simples de adaptação é utilizar um pedaço pequeno de circuito impresso de dupla face o mais fino possível, ao qual soldamos

| Nome: **ADAPTAÇÃO DE BRINQUEDOS À PILHA** |
| Área: Adaptações de jogos e brinquedos   Ficha nº 43 (cont.) |

um cabo que termina em uma chave. A essa plaquinha daremos a forma necessária para colocar a chapa de duas faces entre uma das pilhas e o terminal metálico do chassi do brinquedo, de forma que possamos abrir o circuito com o interruptor (ver Figura).

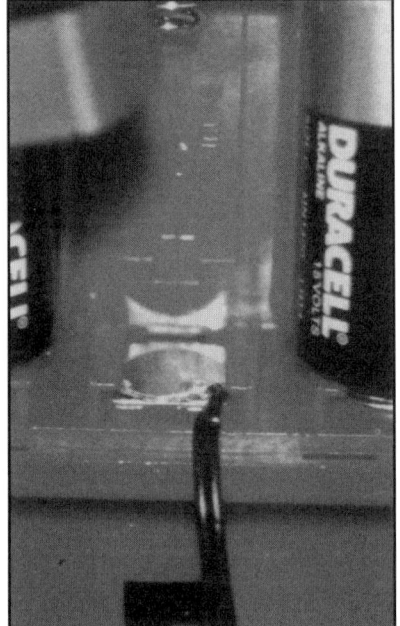

- O mais importante dessa adaptação é a valorização da funcionalidade dos movimentos da criança, de maneira que se possa determinar quais são os mais voluntários, consistentes, freqüentes e cômodos de executar, para assim dispor do botão mais adequado.
- Nessa análise, não devemos esquecer as extremidades inferiores, a mobilidade do pescoço e da região orofacial, experimentando diferentes posições e posturas.

Indicações:
Um brinquedo adaptado dessa maneira pode servir para:
- Trabalhar a intencionalidade, a atenção, a captação de ordens simples, o acompanhamento de estímulos visuais em movimento, etc. (Gallardo e Salvador, 1994).
- Iniciar a inter-relação com os alunos. É um bom instrumento integrador.
- Permitir experiências até então não-vividas, oferecendo a oportunidade de brincar de forma autônoma.
- Melhorar o controle de movimentos.
- Como primeiro passo para o uso de comunicadores ou computador mediante comutadores.
- Como instrumento de avaliação de compreensão de ordens.

Nome: **JOGOS DE MESA E DE CHÃO**
Área: Adaptações de jogos e brinquedos

Ficha nº 44

 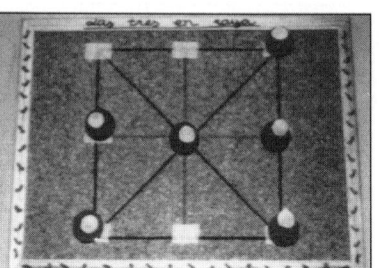

Descrição:
Aqui apresentamos um exemplo de como se podem adaptar de maneira simples e econômica jogos de mesa tradicionais para que a manipulação das peças se torne fácil.

Sugestão:
- Esse jogo foi desenvolvido por acadêmicos de educação espanhóis. Consiste em um pequeno tabuleiro de cortiça que se vende em qualquer papelaria, no qual se desenhou o jogo e se fixaram pedaços de velcro. As fichas tradicionais foram substituídas por bolinhas de borracha pesadas, com dois pedaços de velcro. O fato de serem esféricas favorece o deslocamento até o lugar escolhido e facilita a preensão.
- Ludo de chão. Na realidade é uma toalha de praia que se adquire em lojas têxteis e em mercados. Tem fichas grandes, mas muito planas e, por isso, para poder agarrá-las bem, colamos rolhas de champanha que pintamos da cor de cada ficha. Como alternativa ao dado convencional, oferecemos dois tipos diferentes: um grande dado de plástico amarelo com os pontos em preto (bom contraste visual) e um dado eletrônico com botão.

Indicações:
- Para meninos e meninas com déficits de manipulação, que necessitam de materiais maiores e mais fáceis de segurar.
- O ludo de chão é muito adequado para crianças que não controlam a saliva, já que não importa que se manche o jogo, porque pode ser lavado com freqüência.
- Jogos que facilitam a interação com outras crianças.

Nome: **BOTÃO MODELO CAMPAINHA**	
Área: Adaptações para o computador	Ficha nº 45

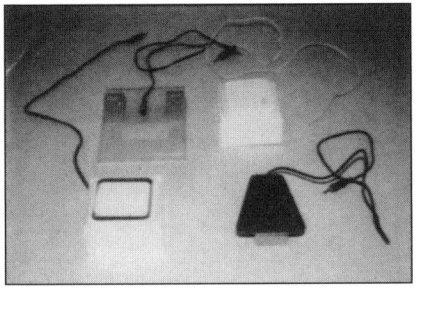

Descrição:
- São muitos os tipos de botões ou de comutadores que podemos encontrar no mercado, ou fabricar com diferentes materiais segundo a necessidade.
- Nesse caso, propomos o mais simples e, afinal, o mais barato que conhecemos, e que tem nos proporcionado resultados muito bons.
- Basicamente, consiste em utilizar o botão doméstico modelo campainha, de qualquer casa comercial, seja de superfície ou com caixa para embutir.
- A conexão é simples, e no outro extremo do cabo colocaremos a chave correspondente, depois da adaptação que fazemos no *mouse*.
- Não é dos mais sensíveis, isto é, requer uma determinada pressão, mas tem sido útil em muitos casos.

Indicações:
- Em geral, os botões, diferentemente dos interruptores normais que fixam a função, são os que utilizamos para a adaptação que fazemos no *mouse* do computador.
- São ativados por um movimento voluntário com qualquer parte do corpo; são os mais comuns e há diversos tipos: mais ou menos sensíveis, diferentes tamanhos, vários materiais com que são confeccionados, etc.

- Podem ser usados para ativar *mouse*, brinquedos, comunicadores, passadores de páginas, etc.

Nome: **MOUSE ADAPTADO**	
Área: Adaptações para o computador	Ficha nº 46

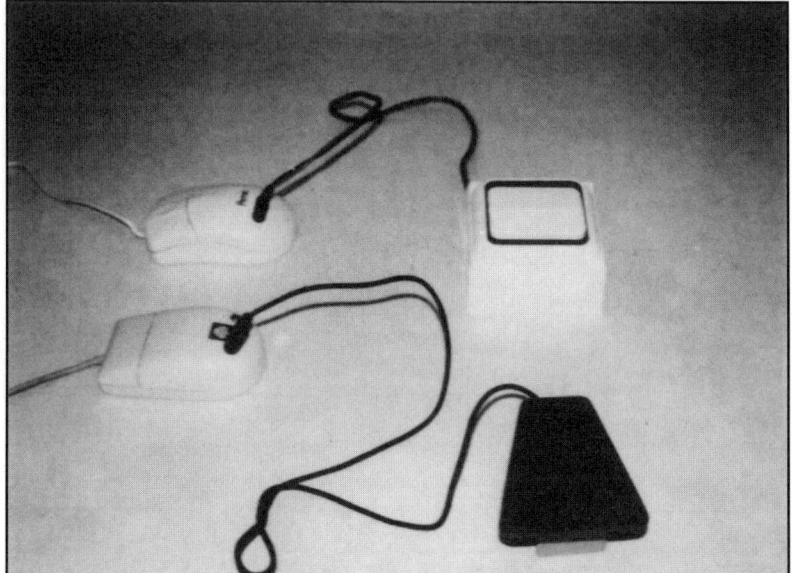

Descrição:
- Esta adaptação que propomos consiste basicamente em fazer uma ponte no circuito interior da função do botão esquerdo.
- Diretamente nos dois pólos do interruptor, soldamos os dois fios do cabo aos dois encaixes interiores deste (do botão esquerdo do *mouse*), ancorado no circuito impresso.
- No outro extremo do cabo soldamos uma chave, aérea ou embutida, de 3,5 mm.
- Se optamos por utilizar o modelo com chassi para embutir, devemos planejar e proceder à sua localização para só então cortar o cabo restante.
- Finalmente, podemos fechar o circuito e ativar por interruptor as funções do botão.
- Procederíamos do mesmo modo com o botão direito, se fosse o caso.

Indicações:
    Normalmente, usamos tal adaptação de *mouse* em qualquer uma das duas opções, com alunos que, por sua incapacidade, não conseguem manipular o teclado, e que, com um *software* de varredura ou programas projetados especificamente para interruptor, têm acesso de forma funcional ao trabalho com o computador.

Sugestões práticas:
    Para tal adaptação, sugerimos o *mouse*-padrão, o mais simples, ainda que se possa fazê-la em quase todos os modelos.

Nome: **ADAPTAÇÕES BÁSICAS PARA O TECLADO E O *MOUSE***   **Área**: Adaptações para o computador   Ficha nº 47

Descrição:

O acesso ao manejo e ao uso autônomo do computador por parte das pessoas com incapacidade têm atualmente inúmeras opções e soluções, dependendo das capacidades manipulativas, dos programas disponíveis e da finalidade.

Em inúmeras ocasiões, deparamo-nos com pessoas perfeitamente autônomas com a mera introdução de algumas modificações no teclado, no *mouse* ou no acesso a ambos.

- Variar o ângulo do teclado mediante um atril com suporte como base.
- Incorporação da armação transparente.
- Ampliação de letras e símbolos mediante adesivos para as teclas.
- Adesivos de cores vistosas e diferenciadas para as teclas mais usadas, indicadas para não-leitores ou leitores com problemas visuais.
- Adesivos com flechas no teclado numérico para indicar as direções dos deslocamentos do *mouse,* quando lhe é dada essa aplicação com *Windows* 95 ou versão superior.
- Dedais para chegar melhor às teclas quando há necessidade de usar armação.
- Suportes de antebraço articulados ou com rolamentos.

INCAPACIDADE MOTORA **119**

Nome: **ADAPTAÇÕES BÁSICAS PARA O TECLADO E O *MOUSE***
Área: Adaptações para o computador   Ficha nº 47 (cont.)

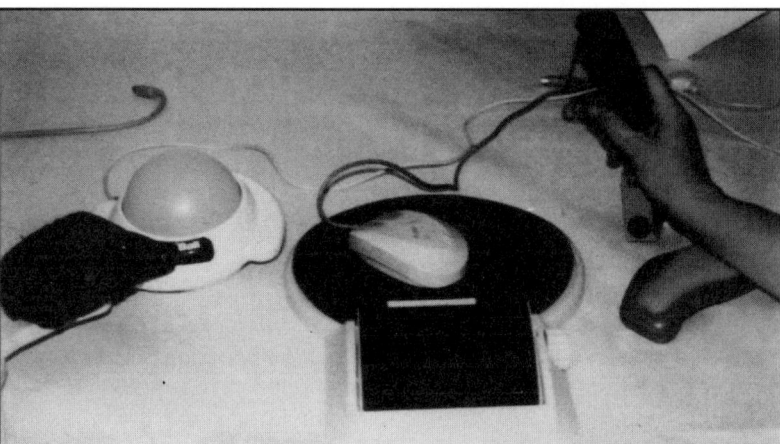

- *Mouse* adaptado para interruptor (ver Ficha nº 46).
- *Mouse* com esfera grande e apenas um botão de fácil manejo, cujo *software* contém vários ponteiros, todos de tamanho grande e de diferentes velocidades para a esfera.

Indicações:

É necessário realizar uma avaliação detalhada de cada caso, mas, de forma genérica, podemos dizer que a armação é uma adaptação muito conveniente para pessoas com movimentos distônicos ou com espasticidade na mão, de forma que necessitam apoiá-la para introduzir o dedo na tecla adequada.

O grande *track-ball* facilita o uso do *mouse* às crianças com artrogripose e com artrite.

Os interruptores adaptados ao *mouse* são indicados para acionar programas com varredura.

Os apoios de antebraço são convenientes tanto para pessoas com baixo tono muscular como para aquelas com distrofias, ou para o controle de movimentos involuntários.

Nome: **PROGRAMA DE VARREDURA DE TELA**	
Área: Adaptações para o computador	Ficha nº 48

Descrição:

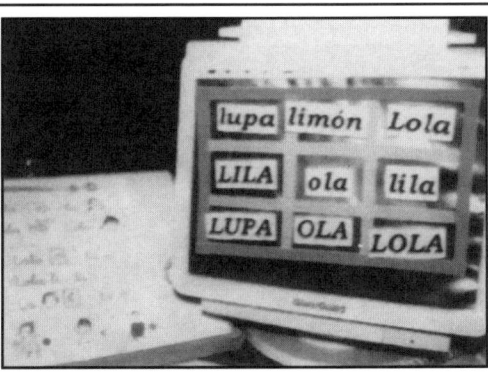

*   Trata-se de um simples programa informático, que surgiu da necessidade de contar com um suporte técnico que suprisse os comunicadores eletrônicos (sistema de *scaning*). Dispúnhamos de dois modelos deste suporte técnico: 2 casas e 16 casas. Embora inicialmente contássemos com a possibilidade de anular alguns de seus pontos luminosos, a distribuição dos quadrados não era uniforme, e as crianças com dificuldades de acompanhamento ocular perdiam-se ao tentar realizar a tarefa.
*   O programa, gratuito, pode ser instalado em qualquer computador básico e com tela monocromática.
*   Divide a tela do computador em quantas casas o educador precisar: 2, 4, 6, 9, 12.
*   Funciona como um sistema de rastreamento, sendo opcional a velocidade da varredura e o contraste da casa selecionada pelo usuário.
*   Adaptando o botão esquerdo do *mouse* a qualquer interruptor, o aluno poderá manejá-lo com qualquer parte do corpo (ver Fichas 45 e 46).

Indicações:

*   Útil como suporte técnico à comunicação.
*   Simples de manejar, tanto pelo educador como pelo usuário.
*   O grande desafio consiste em adaptar mediante acetatos (que aderem à tela do computador) os conteúdos que se queira trabalhar com os alunos.
*   Convém criar um "banco" de acetatos e fomentar o intercâmbio deles entre os professores que utilizem essa mesma ferramenta de trabalho.

Sugestões práticas:

*   Selecionar bem os conteúdos a serem trabalhados. Por exemplo, pode-se estabelecer todo tipo de exercícios de estruturação espaço-temporal, respostas a perguntas de múltipla escolha, vocabulário, grafemas, operações aritméticas, etc.
*   Muito válido para a avaliação dos alunos gravemente afetados do ponto de vista motor.
*   Requer treinamento prévio no uso do interruptor.

Nome: **PONTEIRO DE CABEÇA**	
Área: Adaptações para o computador	Ficha nº 49

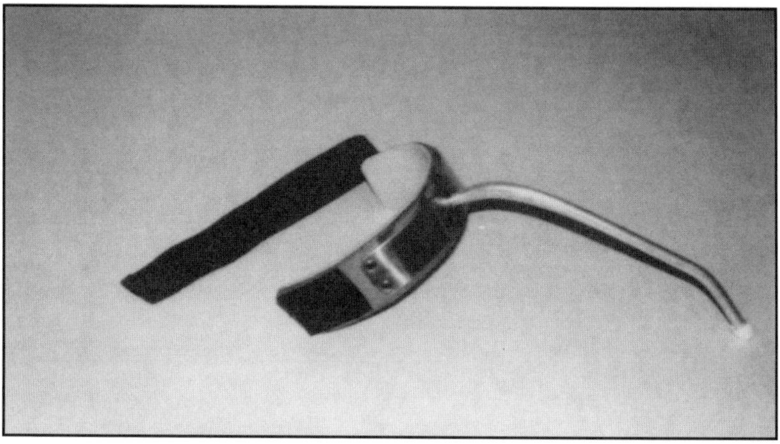

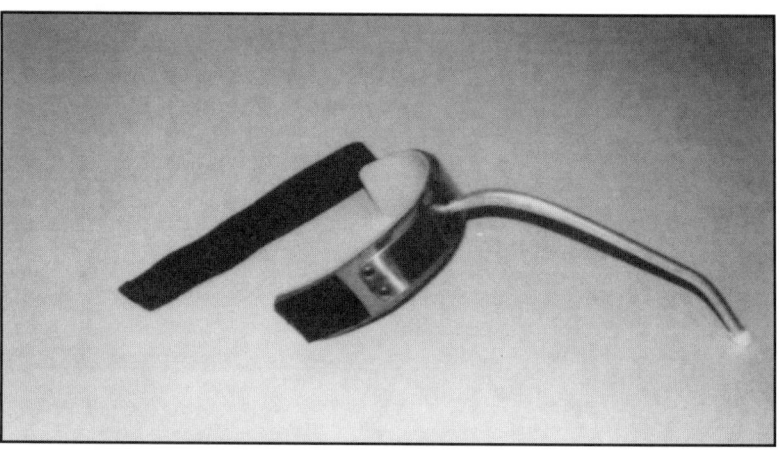

Descrição:
- A proposta que apresentamos aqui foi desenvolvida com a intenção de habilitar diferentes possibilidades de sinalização e de acesso ao teclado do computador.
- Os materiais que usamos nesse caso foram reciclados e nossa intenção, também nesse caso, era desmistificar as adaptações e estimular o projeto, a imaginação e a pesquisa.
- O principal suporte foi desenvolvido a partir do apoio de coxa de um aparelho longo de marcha. Toda a região de contato com a cabeça é de material hipoalérgico, acolchoado e de contato agradável. A ancoragem termina com uma fita elástica de 4 cm de largura e velcro em seus extremos.
- A barra de reforço da ortose dá a rigidez e a estabilidade necessárias para a adaptação.
- Uma porca de parafuso e uma varinha de alumínio de 8 mm, com um de seus extremos enroscado, fornecem a longitude e inclinação necessárias.

Indicações:
- Foi desenvolvido para facilitar o acesso ao computador de um aluno a quem não tinham servido outros modelos comercializados.

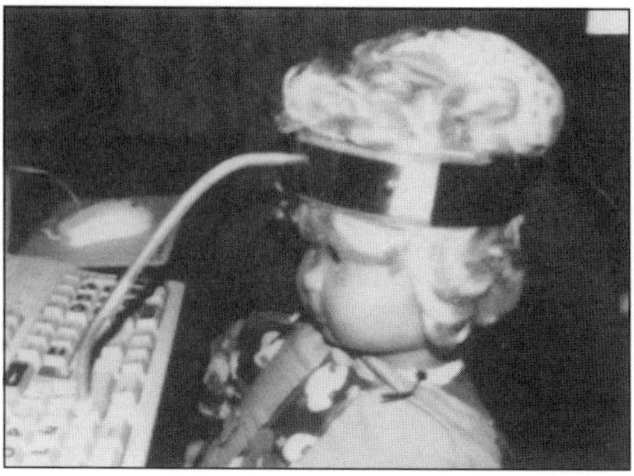

Comentários de Livros e *Links* de Interesse na Internet

Como já dissemos, o conteúdo deste livro não pretende mais do que proporcionar algumas indicações e uma pequena mostra de como podemos tornar um pouco mais fácil a vida de meninos e meninas com incapacidade motora. Para complementar a informação, comentaremos algumas obras que consideramos chaves, úteis e esclarecedoras para elaborar um plano de atuação escolar funcional. Não oferecemos uma extensa bibliografia, visto que os textos clássicos já foram amplamente referenciados em publicações anteriores; as que resenhamos foram todas escolhidas em espanhol, estimulando quem quiser aprofundar-se a recorrer às bases bibliográficas que apontamos no item sobre links de interesse da internet.

LIVROS COMENTADOS

Anatomia para el movimiento. Introducción al análisis de las técnicas corporales. Calais-Germain, B. (1995). Barcelona: Los Libros de la Liebre de Marzo.

São dois tomos em que se expõem, de uma forma muito didática, algumas bases da anatomia do corpo humano, associadas à observação do movimento. É uma obra muito esclarecedora para poder entender melhor esses informes médicos e fisioterapêuticos, cujos conceitos às vezes nos escapam, e compreender a biomecânica de nosso organismo

Sistemas de signos y ayudas técnicas para la comunicación aumentativa y la escritura. Principios teóricos y aplicaciones. Basil, C.; Soro-Camats, E. y Rosell, C. (1998). Barcelona: Masson.

Tanto do ponto de vista conceitual como da abordagem da habilitação e educação das pessoas com problemas de comunicação e de motricidade, é a obra mais completa do panorama em língua espanhola dos últimos anos. Os autores, de amplo prestígio internacional no campo da comunicação aumentativa, conseguem fazer uma análise simples, e ao mesmo tempo fundamentada cientificamente, sobre diferentes realidades, situações, materiais, suportes técnicos e estratégias metodológicas que devem ser conhecidas no momento de colaborar para a melhoria das competências comunicativas de crianças. É imprescindível.

Discapacidad motora, interacción y adquisición del lenguaje: sistemas aumentativos y alternativos de comunicación. Soro-Camats, E. Basil, C. (1995) Madrid: MEC-CDC.

Trata-se de um conjunto de quatro excelentes vídeos, acompanhados de um pequeno guia, que inclui as principais áreas de trabalho com crianças com incapacidade motora na área da comunicação aumentativa. Muito útil para comentar, ensinar famílias, estudantes e profissionais.

Guía de Acceso al Ordenador para personas con discapacidad. Candelos, A. y Lobato, M. (1997). Madrid: IMSERSO. CEAPAT.

É uma publicação eminentemente prática, na qual os autores realizaram um excelente trabalho de recopilação de todas as adaptações, suportes técnicos, programas e peculiaridades destes, que podem fazer com que o uso do computador por parte das pessoas com incapacidade seja algo cada dia mais acessível. É complementada com interessantes referências bibliográficas e uma lista de empresas que fabricam e comercializam os periféricos e suportes.

Discapacidad Motórica. Aspectos psicoevolutivos y educativos. Gallardo, MªV. y Salvador, Mª L. (1994). Málaga: Aljibe.

Pode-se considerar como a primeira parte deste livro. Pretende, com uma linguagem simples e que foge de tecnicismos, dar uma passada por todos aqueles aspectos que consideramos importantes dentro da vida escolar dos alunos com incapacidade motora: esclarecimento de conceitos, orientações para a família, instrumentos para a valorização, atitudes dos professores, idéias, recursos e estratégias para as adaptações do espaço físico, dos materiais didáticos, da comunicação, da alimentação. Inclui endereços úteis e alguns protocolos de observação.

¿Jugamos? Manual de adaptación de juguetes para niños con Discapacidad. Gaytán, R., Carabaña, J. y Redondo, J.A. (1997). Madrid: Instituto de Migraciones y Servicios Sociales.

Fruto da experiência de muitos anos da equipe de profissionais da área de desenvolvimento tecnológico do CEAPAT, este "Manual de adaptação de brinquedos" mostra com detalhes as possibilidades de "fazer por si mesmo" uma grande quantidade de adaptações. Os processo de fabricação de interruptores, sinalizadores, suportes, etc., com croquis e planos, são explicados passo a passo ao longo da primeira parte, dedicando a segunda à adaptação de jogos e brinquedos. À simplicidade e à leveza do livro soma-se a vontade de seus autores de melhorar as condições e a qualidade de vida das pessoas com incapacidade.

Criterios para la Sedestación. Tendencias actuales para los incapacitados. Otto Bock (1989). Manitoba, Canadá: Otto Bock Orthopedic Industry of Canadá Ltd.

Embora esteja merecendo uma revisão terminológica, a obra continua sendo uma referência, pela clareza de sua exposição sobre as considerações que devemos fazer na hora de ajudar pessoas com incapacidade motora ou perda de funcionalidade de seus movimentos.

Parálisis cerebral infantil. Aspectos comunicativos y pedagógicos. Orientaciones al profesorado y a la familia. Puyuelo, M. y Arriba, J.A (2000). Málaga: Aljibe.

É um trabalho monográfico, composto de partes bem diferenciadas: a primeira é dedicada a oferecer orientações sobre o trabalho fonoaudiológico na paralisia cerebral, e a segunda fornece sugestões de áreas de trabalho e estratégias metodológicas interessantes no momento de abordar a educação de tal população. Esse aspecto, pouco tratado em outros livros, é atualizado na obra.

La Parálisis Cerebral. Mito y Realidade. Toledo, M. (1998). Sevilha: Universidad de Sevilla.

Amparado pela tarimba que lhes proporcionam os mais de 30 anos dedicados ao trato com pessoas com paralisia cerebral, suas famílias e profissionais, Miguel Toledo, um dos grandes (em todas as acepções da palavra) pioneiros do estudo e do trabalho com tal população faz, nesse pequeno mas intenso livro, uma análise de 13 mitos em torno da paralisia cerebral.

Muito interessante para ler, comentar e refletir com os colegas da equipe de trabalho e com as famílias. Talvez seja mais diretamente dirigido a profissionais com experiência no tema.

El Niño Campesino Deshabilitado. Werner, D. (1990). Palo Alto (E.E.U.U.): Fundación Hesperián.

Como diz a própria apresentação do livro: "Contém informações e idéias que serão úteis para todos aqueles que se preocupam com o bem-estar das crianças desabilitadas... Oferece sugestões para levar a cabo uma reabilitação simples, para confeccionar aparelhos a baixo custo e para encontrar maneiras de ajudar as crianças a desempenhar um papel valioso na comunidade e ser aceita nela". Por sua linguagem direta, dirigida a pessoas sem formação específica, contendo mais de quatro mil ilustrações, é uma jóia para qualquer pessoa que queira trabalhar ou formar-se nesta área, pois além de explicar os fundamentos, oferece múltiplos instrumentos para pôr as mãos à obra. Tem o mérito adicional de desmistificar o "profissionalismo excessivo".

Ordenador y Discapacidad. Sánchez Montoya, R. (1997). Madrid: CEPE.

É um livro muito prático, em linguagem coloquial e amena que, entre outras coisas, nos introduz na informática desmistificando seus tecnicismos. Definitivamente, favorece a aproximação das novas tecnologias do mundo da incapacidade. Guia prático para conseguir que o computador seja uma ajuda eficaz na aprendizagem e na comunicação. Oferece listas com recursos tanto de programas como de publicações, de empresas relacionadas, etc.

Catálogo General de Ayudas Técnicas. Centro Estatal de Autonomía Personal y ayudas Técnicas (1994). Madrid: IMSERSO

É a obra que reúne o maior esforço realizado na Espanha em unificar suportes técnicos, com suas descrições, fabricantes e endereços úteis. Consta de dois tomos de cadernos temáticos que vão sendo atualizados. Há também duas versões em CD, e, atualmente, estamos esperando poder contar com o Catálogo na internet.

ALGUNS *LINKS* DE INTERESSE NA INTERNET

Os *links* a páginas *Web* que apresentamos a seguir são uma pequena seleção de sites, de âmbitos distintos e que de alguma maneira confluem nas facetas da documentação e informação sobre a incapacidade, desde uma rede temática educativa, passando por um centro de educação biomédica, fundações, organizações de usuários, iniciativas universitárias. É apenas uma pequena amostra, mas, a partir da navegação por estas páginas, é possível chegar a uma infinidade de *sites* e lugares interessantes.

– NEEDirectorio: Necessidades educativas especiales en internet
http://paidos.rediris.es/needirectorio/
Como eles próprios contam, NEEDirectorio é uma porta de acesso a mais de 300 recursos e páginas *Web* relacionadas à educação especial e a necessidades educativas especiais, comentadas e agrupadas em 26 blocos temáticos. Além disso, há um espaço aberto no qual se reúnem artigos sobre pesquisas, experiências didáticas, de formação, de inovação educativa, etc., relacionados com essa área.

– Biblioteca del Complejo Hospitalario Carlos Haya
http://www.carloshaya.net/biblioteca/
Contém amplos conteúdos, fundamentalmente de documentação clínica, com *links* diretos às mais completas bases de dados específicas. Repertório completo de buscadores genéricos e específicos, *links* com documentação legal, publicações periódicas, enfermaria, em suma, uma boa biblioteca pública, aberta a todos. Um bom serviço público.

– Unidad de Investigación Acceso. Universidad de Valencia
http://acesso.psievo.uv.es/
Essa é uma página que, vinda do mundo acadêmico, interpreta-se como espírito de serviço público. Apresenta diferentes projetos novos ou já consolidados. Interessante pela contribuição para a relação incapacidade/universidade.

– Red Telemática Educativa de Cataluña
http://www.xtec.es/
Site interessante, tanto em seu item de recursos, no qual encontraremos as informações sobre programas e produtos reunidas em CDRom

SINERA, como na página do Racó del CLIC, ou na Seção de Educação Especial, em que poderemos encontrar informações específicas sobre os suportes técnicos e sistemas para a comunicação aumentativa.

– Centro de Autonomía Personal y Ayudas Técnicas. IMSERSO
http://www.seg-social.es/imserso/discapacidad/i0_index.html
Site corporativo, embora a partir dele se tenha acesso a informações de divulgação, assim como ao centro de educação do CEA PAT e ao serviço de publicações.

– Imagina
http://imagina.org/enlaces/link_dis.htm
Esse é um *site* já consolidado, interessante em seus conteúdos, com um amplo repertório de *links*. "Imagina", patrocinado por pessoas com incapacidade, nos proporciona a oportunidade de conhecer sua organização, suas atividades, informações gerais, legislação e, naturalmente, contém *links* muito interessantes.

– Discapnet
http://www.discapnet.es/
Novo *site* promovido pela Fundação ONCE, de conteúdos diversos, com páginas html fixas, periodicamente atualizadas, com bases de dados para a localização de organizações, documentos, legislação, ofertas e demandas de emprego, etc.

– Servicio de Información sobre Discapacidad
http://sid.usal.es/info.asp
O Servicio de Información sobre Discapacidad, SID, é um serviço documental novo, que, embora ainda esteja em seu início, já aponta sua direção de serviço a profissionais e usuários. Uma rede pública, posta em funcionamento em conjunto pelo Instituto de Migraciones y Servicios Sociales – IMSERSO http://www.seg-social.es/imserso e a Universidade de Salamanca, através do Instituto Universitario de Integración en la Comunidad INICO http:///www3.usal.es/inicio.html.